Ka
Ba

Assyrische Gottheit, Nationalmuseum, Bagdad

Impressum

Heiner Walther
Irakisch-Arabisch — Wort für Wort
erschienen im Reise Know-How Verlag Peter Rump GmbH
Osnabrücker Str. 79, D-33649 Bielefeld
info@reise-know-how.de

2. neu bearbeitete und verbesserte Auflage 2016

Bearbeitung & Layout Alexander Schwarz
Layout-Konzept Günter Pawlak, FaktorZwo! Bielefeld
Umschlag Peter Rump (Titelfoto: Stephan Rosiny)
Kartographie Iain Macneish
Fotos Heiner Walther, Stephan Rosiny
Druck und Bindung Werbedruck GmbH Horst Schreckhase, Spangenberg

ISBN: 978-3-8317-6410-5
Printed in Germany

Wer im Buchhandel kein Glück hat, bekommt unsere Bücher zuzüglich Porto- und Verpackungskosten auch direkt über unseren Internet-Shop: ***www.reise-know-how.de***

Die Internetseiten mit Aussprachebeispielen und der Zugriff auf diese über QR-Codes sind eine freiwillige, kostenlose Zusatzleistung des Verlages. Der Verlag behält sich vor, die Bereitstellung des Angebotes und die Möglichkeit der Nutzung zeitlich und inhaltlich zu beschränken. Der Verlag übernimmt keine Garantie für das Funktionieren der Seiten und keine Haftung für Schäden, die aus dem Gebrauch der Seiten resultieren. Es besteht ferner kein Anspruch auf eine unbefristete Bereitstellung der Seiten.

Der Verlag möchte die **Reihe Kauderwelsch** weiter ausbauen und **sucht Autoren!** Mehr Informationen finden Sie unter ***www.reise-know-how.de/rkh_mitarbeit.php***

Kauderwelsch

Heiner Walther

Irakisch-Arabisch

Wort für Wort

Kauderwelsch heißt:

- Schnell mit dem **Sprechen** beginnen, auch wenn nicht immer alles korrekt ist.
- Von der **Grammatik** wird nur das Wichtigste in einfachen Worten erklärt.
- Alle Beispielsätze werden doppelt ins Deutsche übertragen: erst **Wort-für-Wort,** dann in normales Deutsch. Die Wort-für-Wort-Übersetzung hilft, die neue Sprache schneller zu durchschauen, außerdem lassen sich dadurch leichter einzelne Wörter im fremdsprachigen Satz austauschen.
- Es geht um die **Alltagssprache,** also das, was man tatsächlich auf der Straße hört.
- Die **Autoren** sind entweder Reisende, die die Sprache im Land selbst gelernt haben oder Muttersprachler.

Kauderwelsch-Sprachführer sind keine Lehrbücher, aber viel mehr als traditionelle Reisesprachführer. Wer ein wenig Zeit investiert, einige Vokabeln lernt und die Sprache im Land anwendet, wird **Türen öffnen,** ein Lächeln ins Gesicht zaubern und reichere Erfahrungen machen.

Talk to each other!

Kauderwelsch zum Anhören

Einzelne Sätze und Ausdrücke aus diesem Buch können Sie sich **kostenlos anhören.** Diese **Aussprachebeispiele** erreichen Sie über die im Buch abgedruckten QR-Codes oder diese Adresse: www.reise-know-how.de/kauderwelsch/125

Die Aussprachebeispiele im Buch sind Auszüge aus dem umfassenden Tonmaterial, das unter dem Titel **„Kauderwelsch Aussprachetrainer Irakisch-Arabisch"** separat erhältlich ist – als Download über Onlinehörbuchshops (ISBN 978-3-95852-054-7) oder als CD im Buchhandel (ISBN 978-3-8317-6184-5). Beide Versionen erhalten Sie auch über unsere Internetseite:

- **www.reise-know-how.de**

Alle Sätze, die Sie auf dem Aussprachetrainer hören können, sind in diesem Buch mit einem gekennzeichnet.

Inhalt

Grammatik

Konversation

Anhang

Foto: Stephan Rosiny

Garten in Karbala

Vorwort

Wer die Absicht hat, nach Irak zu reisen, ist gut beraten, auch Kenntnisse im irakischen Dialekt zu haben. Von wenigen Ausnahmen abgesehen werden Dialekte auch im Irak generell im Alltag, im Beruf, in Bereichen des Bildungswesens und in der Familie gesprochen.

Der Kauderwelsch-Band „Irakisch-Arabisch" soll all jenen ein erstes Hilfsmittel zur Verständigung sein, die im Irak mit der arabischen Sprache konfrontiert werden. Er vermittelt die wichtigsten grammatikalischen Grundlagen und greift im Konversationsteil typische Wendungen aus dem Alltagsleben im Irak auf.

Da Dialekte nicht geschrieben werden, stehen alle Wörter und Wendungen in einer leicht verständlichen Umschrift. Die vereinfachte Umschrift soll es ermöglichen, recht schnell mit dem Sprechen zu beginnen.

Natürlich kann mit diesem Sprachführer nicht die vollkommene Beherrschung des irakischen Dialektes angestrebt werden, denn das würde seinen Rahmen sprengen.

Viel Freude beim Erlernen und Anwenden des Irakisch-Arabischen!

Heiner Walther

Hinweise zur Benutzung

Der Kauderwelsch-Band „Irakisch-Arabisch" ist in drei Hauptabschnitte gegliedert:

Grammatik

Der Grammatikteil kann auch übersprungen und sofort mit dem Konversationsteil begonnen werden. Bei Fragen kann man in der Grammatik nachschlagen.

Die Grammatik beschränkt sich auf das Wesentliche und ist so einfach gehalten wie möglich. Deshalb sind nicht alle grammatikalischen Besonderheiten erklärt. Dennoch bietet dieser Abschnitt genügend Stoff, der Schritt für Schritt mit Hilfe des Konversationsteils erarbeitet werden kann. Wer nach der Lektüre gern noch tiefer in die Grammatik des irakischen Dialekts oder des Arabischen einsteigen möchte, findet im Anhang einige Literaturhinweise zum Weiterlernen.

Konversation

Dieser Teil enthält Ausdrücke und Redewendungen aus dem Alltag. Sie sollen einen ersten Eindruck vom „Funktionieren" des irakischen Dialekts vermitteln. Denn was man schon einmal gelesen hat, versteht man später vor Ort schneller und leichter.

Wort-für-Wort-Übersetzung

Wird ein irakisches Wort im Deutschen durch zwei Wörter übersetzt, werden diese zwei Wörter in der Wort-für-Wort-Übersetzung mit einem Bindestrich verbunden.

Jede Sprache hat ihre typischen Satzbaumuster. Um die vom Deutschen sich unterscheidende Wortfolge in den Sätzen richtig durchschauen zu können, ist die Wort-für-Wort-Übersetzung in kursiver Schrift hinzugefügt. Jedem arabischen Wort entspricht ein Wort in der Wort-für-Wort-Übersetzung:

aschrab tschāi.
ich-trinke Tee
Ich trinke Tee.

ana almānī / nimsāwī
ich Deutscher / Österreicher
Ich bin Deutscher / Österreicher.

Werden in einem Satz mehrere Wörter angegeben, die man untereinander austauschen kann, steht ein Schrägstrich zwischen diesen.

Im irakischen Dialekt haben die männliche *(m)* bzw. weibliche *(w)* Form eines Hauptworts oder auch eines Eigenschaftsworts unterschiedliche Endungen.

Mit etwas Kreativität und Mut kann man sich neue Sätze „zusammenbauen," selbst wenn das Ergebnis nicht immer grammatikalisch perfekt ausfällt.

āni muwāfiq.	**āni muwāfiqa.**
ich einverstanden (m)	*ich einverstanden (w)*
Ich *(m)* bin einverstanden.	Ich *(w)* bin einverstanden.

Die Wort-für-Wort-Übersetzung ermöglicht recht bald, eigene Sätze zu bilden. Die Beispiele können Sie dafür als Satzmuster verwenden.

Wörterlisten

Die Wörterlisten am Schluss dieses Buches umfassen einen Grundwortschatz von jeweils etwa 1000 Wörtern Deutsch-Irakisch sowie Irakisch-Deutsch und auch Wörter der Hochsprache, die insgesamt eine recht umfassende Konversation ermöglichen.

Umschlagklappe

Die Umschlagklappe hilft, die am häufigsten gebrauchten Ausdrücke immer parat zu haben. Aufgeklappt ermöglicht der Umschlag problemlos, die gewünschte Satzkonstruktion mit dem entsprechenden Vokabular aus den einzelnen Kapiteln zu kombinieren.

Mit Formulierungen wie „Ich verstehe nicht." oder „Wie bitte?" lassen sich anfängliche Verständigungsschwierigkeiten sicherlich gut meistern.

Wenn alles nicht mehr weiterhilft, dann ist vielleicht das Kapitel „Nichts verstanden? – Weiterlernen!" der richtige Tipp. Es befindet sich ebenfalls in der Umschlagklappe.

Land und Sprache

Der Irak hat schon immer Reisende und Forscher, vor allem Archäologen, in seinen Bann gezogen. Bedingt durch die beiden Flüsse Euphrat und Tigris entwickelten sich in Mesopotamien (bilād mā bēn an-nahrēn, „Land zwischen den Strömen") bereits im frühen Altertum Hochkulturen der Sumerer, Babylonier und Assyrer. Die Ruinen der einstigen Paläste und Tempel, die den Göttern geweihten, pyramidenförmigen Zikkurats, lassen den Besucher noch heute die Erhabenheit jener Epochen deutlich werden. Aber auch die islamische Zeit war voller Glanz und hat zahlreiche prachtvolle Bauten hinterlassen, wenn man allein an die Regierungszeit des Kalifen Harun ar-Raschid denkt. Mesopotamien wird deshalb oft als „Wiege der Zivilisation" bezeichnet.

Die heutigen Bewohner im Irak sind größtenteils Araber (77%). Sie siedeln vorwiegend in der Ebene von Euphrat und Tigris, den beiden Lebensadern des Landes. Der Rest, Kurden (19%) und andere Volksgruppen (4%), lebt vor allem in den drei nördlichen Provinzen Dohuk (Dahūk), Erbil (Arbīl) und Sulaimaniya (is-Sulaimānīya). Die Kurden sprechen eine dem Persischen eng verwandte Sprache, das Kurdische (siehe auch: Kauderwelsch Band 94).

Die Amtssprache ist im Irak (außer in den kurdischen Provinzen), wie in allen arabischen Ländern, das Hocharabische in Wort

und Schrift. Es gehört neben dem Hebräischen zur semitischen Sprachfamilie. Charakteristisch für diese Sprachen ist, dass das Tätigkeitswort (Verb) die Grundlage bildet. Es besteht fast ausschließlich aus drei Mitlauten, von denen man die Grundbedeutung eines Wortes bzw. der gesamten Wortfamilie herleiten kann.

Die weiteren Bedeutungen werden durch Vorsilben und Selbstlaute (a, e, i, o, u) bestimmt, z. B. k-t-b:

katab	schreiben
kātib	Schreiber; Schriftsteller
maktab	Büro

Die Hochsprache (il-fus̲h̲ā) ist im gesamten arabischen Sprachraum einheitlich, so dass sich Araber von Marokko bis Irak sprachlich miteinander verständigen können. In der Schule und an den Universitäten wird das Hocharabische gelehrt und in den Zeitungen, im Rundfunk sowie im Fernsehen verwendet.

Im Alltag dagegen spricht jeder Araber Dialekt. Er weicht zwar stark von der Hochsprache ab, ist jedoch einfach in seiner Struktur und dadurch leichter zu erlernen.

In den verschiedenen Regionen Iraks sind voneinander abweichende Dialektformen anzutreffen. Im Norden ist es eine eher mit dem Syrisch-Arabischen verwandte Variante. In Bagdad, vor allem aber im Süden bis hin nach Basra ähnelt sie den Dialekten der nördlichen Golfstaaten Kuwait, Bahrain und Katar. Andererseits wird die Bagdader Umgangssprache im gesamten Land verstanden. Typisch für Bagdad und Umgebung ist die Aussprache des ka als tsche, in Mossul hingegen bleibt es ka.

Grundlage dieses Kauderwelsch-Bandes ist der in Bagdad gesprochene Dialekt, der überall im Irak verstanden wird.

Abkürzungen

(m)	männlich
(w)	weiblich
(Ez)	Einzahl
(Mz)	Mehrzahl

Umschrift und Aussprache

Dieser Kauderwelsch-Band verwendet, bis auf wenige Ausnahmen, keine arabische Schrift. Grund: Der irakische Dialekt wird nur gesprochen, nicht aber geschrieben. Statt dessen wird eine Umschrift benutzt, die es ermöglichen soll, schnell und ohne größere Schwierigkeiten mit Irakern zu sprechen.

Die Dehnung eines Selbstlautes hat eine Veränderung der Wortbedeutung zur Folge. So heißt maṯar *„Regen",* maṯār *hingegen „Flughafen"! Achten Sie deshalb von Anfang an auf eine korrekte Aussprache, auch der Selbstlaute, um nicht missverstanden zu werden!*

Selbstlaute (Vokale)

Das Irakisch-Arabische kennt die Selbstlaute a, e, i, o, u. Sie werden, wie im Deutschen auch, kurz oder lang gesprochen. Lange Selbstlaute sind in der Umschrift durch einen Querstrich („Längungsstrich") über dem entsprechenden Buchstaben gekennzeichnet, also ā, ē, ī, ō, ū.

Mitlaute (Konsonanten)

Im Hocharabischen und damit auch im irakischen Dialekt gibt es einige wenige Mitlaute, die in anderen Sprachen in dieser Form nicht vorkommen. Ihre Aussprache sollte viel geübt werden, möglichst mit einem Iraker oder einer Irakerin.

Die meisten Mitlaute werden aber ähnlich oder genauso wie im Deutschen gesprochen. Doppelt auftretende Mitlaute werden auch verdoppelt artikuliert.

Umschrift und Aussprache

	Laut	Name	Aussprache
ء	’	**hamza**	bezeichnet einen Stimmabsatz, der auch im Deutschen vor jeder mit einem Selbstlaut beginnenden Silbe gesprochen wird, so in „Beamter“ (Be-’amter), z. B. ’ach (Bruder)
ب	*b*	**bā**	wie in „**B**ild“, z. B. bāb (Tür, Tor)
پ	*p*	**pā**	wie in „**P**alme“, z. B. putēta (Kartoffeln)
ت	*t*	**tā**	wie in „**T**ante“, z. B. taksi (Taxi)
ث	*th*	**thā**	stimmlos, wie im engl. „**th**ree“, z. B. thōb (Kleid)
ج	*dj*	**dschīm**	wie im englischen „**j**ourney“, z. B. dschamal (Kamel)
چ	*tsch*	**tschīm**	stimmlos, wie in „ru**tsch**en“, z. B. tschāi (Tee)
ح	*h*	**hā**	kräftig gehauchter, stimmloser Laut, der weit hinten in der Kehle gesprochen wird, z. B. hammām (Bad)
خ	*ch*	**chā**	wie in „Ba**ch**“, z. B. chōsch (gut)
د	*d*	**dāl**	wie in „**d**ick“, z. B. dīn (Religion)
ذ	*dh*	**dhāl**	stimmhaft, wie englisches „th“ in „**th**is“, z. B. dhahab (Gold)
ر	*r*	**rā**	rollendes Zungen-r, z. B. radschil (Mann)
ز	*z*	**zāy**	stimmhaftes „s” (kein deutsches z!), wie in „**S**and”, z. B. zōdsch (Ehemann)
س	*s*	**sīn**	stimmloses „s” wie in „Ha**ss**”, z. B. safar (Reise)
ش	*sh*	**schīn**	wie das deutsche „sch” in „**sch**ön”, z. B. schams (Sonne)
ص	*s*	**sād**	dumpfes, stimmloses „s”, z. B. sūra (Bild, Foto)
ض	*z*	**zād**	dumpfes, gepresstes „z” (gleiche Aussprache wie zā!), z. B. zēf (Gast)

	Laut	Name	Aussprache
ط	*ṯ*	**ṯā**	dumpfes, gepresstes „t", etwa wie in „**T**orte", z. B. ṯabīb (Arzt)
ظ	*ẕ*	**ẕā**	dumpfes, gepresstes „s", z. B. ẕarf (Briefkuvert)
ع	*	***ain**	stimmhafter Kehllaut, der durch starkes Zusammenpressen des Kehlkopfes entsteht, z. B. *anab (Weintrauben)
غ	*gh*	**ghain**	Reibelaut, der dem deutschen „Zäpfchen-r" entspricht, z. B. lugha (Sprache)
ف	*f*	**fā**	wie „f" in „**f**ein"
ق	*q/g*	**qāf/ gāf**	1. im Kehlkopf gesprochenes „k", z. B. qalam (Bleistift), 2. wie „g" in „**g**enau", z. B. gahwa (Kaffee)
ك	*k/tsch*	**kāf/ tsche**	1. wie „k" in „**k**aufen", z. B. kitāb (Buch) 2. wie „tsche" (s.o.!), z. B. simitsch (Fisch)
ل	*l/ḻ*	**ḻām**	1. wie „l" in „**L**amm", z. B. lāzim (notwendig) 2. dunkel und im Kehlkopf gesprochen, z. B. gubaḻ (geradeaus)
م	*m*	**mīm**	wie „m" in „**M**ut", z. B. mumkin (möglich)
ن	*n*	**nūn**	wie „n" in „**n**ett", z. B. nūr (Licht)
ه	*h*	**hā**	wie „h" in „**H**als", wird im Arabischen auch in der Mitte und am Ende des Wortes gesprochen (kein Dehnungs-h wie in „Mehl"!), z. B. ham (auch)
و	*w*	**wāu**	wie das englische „w" in „**w**ell", also kein deutsches „w", z. B. walad (Junge)
ي	*y*	**yā**	wie „j" in „**J**agd", z. B. yōm (Tag)

Anmerkungen: Sowohl ṣad als auch ẓād, ṭā und ẓā sind gepresst gesprochene Laute, die eine Besonderheit des Arabischen darstellen. Bei ihrer Aussprache wird der Sprechapparat leicht angespannt und der hintere Teil der Zunge zum Gaumen hin angehoben. Der nachfolgende Selbstlaut wird dunkel gefärbt. In anderen arabischen Dialekten und im Hocharabischen wird der Buchstabe ẓād als dumpfes, gepresstes „d" gesprochen.

Besonders schwierig auszusprechen sind für Europärer die Buchstaben *ain und qāf. Diese Laute sollten nach Möglichkeit von Muttersprachlern vorgesprochen und viel geübt werden.

Betonung

Zur Verdeutlichung der Betonung sind die betonten Silben hier fett hervorgehoben.

Die Betonung liegt immer auf der langen Silbe eines Wortes, d.h. auf den lang gesprochenen Selbstlauten ā, ē, ī, ō, ū bzw. den Doppellauten ai und au, z. B. mad**ī**na (Stadt), th**au**ra (Revolution). Hat ein Wort mehrere lange Silben, wird die zweite betont, z. B. tschāk**ū**tsch (Hammer). Ist kein langer Selbstlaut vorhanden, trägt die erste Silbe den Ton, so in muslim (Muslim).

Wörter, die weiterhelfen

Die folgenden Wendungen werden im Irak viel gebraucht. Mimik und Gestik sind wichtiger Bestandteil einer jeden Kommunikation. Dabei ist besonders auf die Hand- und Kopfbewegungen zu achten. (mehr dazu im Kapitel „Kurz-Knigge”).

Bitte und Danke

Das sind sicherlich die beiden wichtigsten Ausdrücke.

min fazlak! *(m)* **min fazlitsch!** *(w)*	Bitte! (auffordernd)
ismahli! *(m)* **ismahīlī!** *(w)*	Entschuldigen Sie! (z. B. bei einer Frage)
schukran	danke
il-*afwu	bitte (als Antwort)

Für die erste Orientierung

akū ...?
Gibt es ...?

akū taksi?
er-ist-vorhanden Taxi
Gibt es ein Taxi?

akū tschāi?
er-ist-vorhanden Tee
Gibt es Tee?

Die Antwort darauf könnte lauten:

balī, akū.
ja, er-ist-vorhanden
Ja, gibt es / es gibt eins.

lā, mākū.
nein, er-ist-nicht-vorhanden
Nein, gibt es nicht / es gibt keins.

Wenn Sie etwas oder jemanden suchen:

wēn ...?
Wo ist ...? / Wo gibt es ...?

wēn utēl ir-raschīd?
wo Hotel der-Rashid
Wo ist das Rashid-Hotel?

wēn it-tabīb?
wo der-Arzt
Wo ist der Arzt?

il-bank	die Bank
is-sifāra	die Botschaft
il-mustaschfa	das Krankenhaus
isch-schurta	die Polizei
il-matār	der Flughafen
il-barīd	das Postamt
it-talafōn	das Telefon

hina	hier
hināk	dort
gubal	geradeaus

Hören oder sehen Sie etwas, das Ihnen unklar erscheint:

schinū ...?
Was ist ...?

schinū hādha?
was dieser
Was ist das?

Wenn Sie etwas benötigen oder haben möchten:

arīd ...
Ich brauche ... / Ich möchte ... / Ich will ...

arīd ghurfa.
ich-möchte Zimmer
Ich möchte ein Zimmer.

chubuz	Brot(fladen)
taksi	Taxi
flūs	Geld
tschāi	Tee
tamur	Datteln
mai	Wasser

Hauptwörter (Substantive)

Im Unterschied zum Deutschen hat das Arabische, und damit auch der irakische Dialekt, nur zwei grammatische Geschlechter: männlich *(m)* und weiblich *(w)*.

Alle auf einen Mitlaut endenden Wörter sind, von wenigen Ausnahmen abgesehen, männlich.

ṯabīb	Arzt
tamur	Datteln
walad	Junge
bāb	Tür, Tor

Wörter mit auslautendem -a sind weiblich:

dschidda	Großmutter
warda	Rose; Blume
schorba	Suppe
ghurfa	Zimmer, Raum

Durch Anfügen der Endung -a an eine Reihe von männlichen Wörtern kann man diese in weibliche umwandeln, vor allem bei Berufsbezeichnungen:

ṯabīb	Arzt
ṯabība	Ärztin
fallāẖ	Bauer
fallāẖa	Bäuerin

zōdsch	Ehemann
zōdscha	Ehefrau
mu*allim	Lehrer
mu*allima	Lehrerin
muslim	Muslim
muslima	Muslimin

Darüber hinaus sind alle Wörter, die sich auf Frauen beziehen, grammatikalisch weiblich, auch wenn sie nicht die Endung -a haben.

sitt	Dame
bint	Mädchen
umm	Mutter
uchut	Schwester

Weiblich sind auch alle Städtenamen und die meisten Länderbezeichnungen, manche Körperteile, z. B. yad (Hand) sowie einige andere Wörter, wie z. B. schams (Sonne).

Artikel

Das Arabische hat keinen unbestimmten Artikel. Demzufolge bedeutet bāb "(irgend)eine Tür" oder auch "Tür". Soll jedoch betont werden, dass nur eine einzige Tür gemeint ist, dann wird das Zahlwort für „eins" wāhid *(m)* bzw. wāhida *(w)* hinzugefügt:

bāb wāhid	eine (einzige) Tür
bint wāhida	ein (einziges) Mädchen

Hauptwörter (Substantive)

Der bestimmte Artikel für männliche und weibliche Wörter in Ein- und Mehrzahl lautet immer il-. Auch bei Beugungen wird er nicht verändert. Zur Vereinfachung steht deshalb in der Wort-für-Wort-Übersetzung grundsätzlich „der". In der Schrift ist er mit dem Wort, das er näher bestimmt, verbunden und wird als Einheit gesprochen.

il-kitāb	das Buch
il-utēl	das Hotel
il-bint	das Mädchen
il-muslimīn	die Muslime
il-madīna	die Stadt
il-bāb	die Tür

Beginnt ein Wort mit d, dh, l, n, r, s, s̱, sch, t, ṯ, th, z, ẕ, den sogenannten „Sonnenbuchstaben" (alle anderen heißen „Mondbuchstaben"), so wird das -l des Artikels in der Aussprache, jedoch nicht in der Schrift, dem ersten Buchstaben des folgenden Wortes angeglichen und dieser verdoppelt gesprochen.

in-nūr (nicht: **il-nūr**!)	das Licht
ir-radschil	der Mann
id-dīn	die Religion
isch-schams	die Sonne

Bei manchen Wörtern wird das l auch vor dsch angeglichen, z. B. yōm idsch-dschum*a (Freitag). Eine Regel dafür gibt es nicht.

Mehrzahl (Plural)

Das Arabische unterscheidet generell zwei Mehrzahlformen: äußere und innere (auch „gesunde“ und „gebrochene“ genannt).

Die äußeren Mehrzahlformen werden mittels Endungen gebildet. Im irakischen Dialekt wird, wie in anderen arabischen Dialekten auch, bei männlichen Wörtern -īn und bei weiblichen -āt (unter Wegfall der Einzahlendung -a) an das Wortende angefügt.

männlich:

fallāḫ	Bauer
fallāḫīn	Bauern
mu*allim	Lehrer
mu*allimīn	Lehrer
nimsāwī	Österreicher
nimsāwīyīn	Österreicher

weiblich:

fallāḫa	Bäuerin
fallāḫāt	Bäuerinnen
ṭayyāra	Flugzeug
ṭayyārāt	Flugzeuge
nimsāwīya	Österreicherin
nimsāwīyāt	Österreicherinnen

Viele Fremdwörter aus europäischen Sprachen erhalten die weibliche Mehrzahlform -āt:

baisikl	Fahrrad
baisiklāt	Fahrräder
matōr	Motor
matōrāt	Motoren

Diese Formen lassen sich am besten merken, indem man sie sich als eigenständige Wörter einprägt.

Beim überwiegenden Teil der Hauptwörter wird die Mehrzahlform durch eine Veränderung der Selbstlaute innerhalb des Wortes gebildet, weshalb sie als innere oder auch unregelmäßige Mehrzahl bezeichnet werden.

filim	Film	**aflām**	Filme
bēt	Haus	**buyūt**	Häuser
tschilib	Hund	**tschilāb**	Hunde
madīna	Stadt	**mudun**	Städte
ṯālib	Student	**ṯullāb**	Studenten

Zweizahl (Dual)

Eine weitere Besonderheit des Arabischen ist die Zweizahl von Dingen, Tieren oder Personen. An die Einzahlform eines Wortes werden im irakischen Dialekt die nachfolgenden regelmäßigen Endungen angehängt.

männlich: -ēn

bēt	Haus
bētēn	zwei Häuser

dschamal	Kamel
dschamalēn	zwei Kamele
ṯālib	Student
ṯālibēn	zwei Studenten

weiblich: -tēn

sayyāra	Auto
sayyāratēn	zwei Autos
tschalba	Hündin
tschalbatēn	zwei Hündinnen
ṯāliba	Studentin
ṯālibatēn	zwei Studentinnen

Wörter in der Zweizahlform können auch den Artikel erhalten, ohne dass sich dadurch die Endung verändert.

il-bētēn	die zwei Häuser
iṯ-ṯālibatēn	die zwei Studentinnen

Gattungsbezeichnungen (Kollektiva)

Im Arabischen gibt es eine Reihe von Wörtern, die eine Gattung bzw. eine unbestimmte Anzahl davon bezeichnen. Auch die deutsche Sprache kennt Gattungsbezeichnungen: Menschen, Vieh, Gemüse usw.

Durch Anhängen eines -a wird beispielsweise aus tuffāḫ (Äpfel) tuffāḫa (ein einzelner Apfel). Die Mehrzahlform davon ist tuffāḫāt (mehrere Äpfel).

Bei Anhängen der Endungen fällt der zweite Selbstlaut meist weg.

nachil	Palmen
nachla	eine (einzelne) Palme
nachlāt	mehrere/viele Palmen

simitsch	Fisch
simtscha	ein (einzelner) Fisch
simtschāt	mehrere/viele Fische

Zusammengesetzte Hauptwörter

Zusammensetzungen von Hauptwörtern kennt das Arabische nicht. Wörter wie z. B. „Gemüsemarkt" werden nach folgendem Schema gebildet, wobei nur das zweite Wort den Artikel il- erhält.

sūg + **il-chuzra** = **sūg il-chuzra**
Markt + *das Gemüse* = *Markt der-Gemüse*
= Gemüsemarkt

Auf diese Weise können auch Besitzverhältnisse ausgedrückt werden: kutub iṯ-ṯāliba *(die Bücher der Studentin);* sayyārat il-mu*allim *(das Auto des Lehrers).*

dschāmi* + **il-chulafā'** = **dschāmi* il-chulafā'**
Moschee + *die Kalifen* = *Moschee der-Kalifen*
= Kalifenmoschee
(Name einer Moschee in Bagdad)

Bei weiblichen Hauptwörtern verändert sich die Endung -a zu -at.

ghurfa + **in-nōm** = **ghurfat in-nōm**
Zimmer + *der Schlaf* = *Zimmer der-Schlaf*
= Schlafzimmer

Eigenschaftswörter (Adjektive)

Eigenschaftswörter stehen gewöhnlich nach dem Hauptwort, das sie näher bestimmen und nehmen dessen grammatikalisches Geschlecht an. Die Grundform ist männlich. Durch Anhängen der Endung -a wird die weibliche Form gebildet.

bēt dschadīd	**ṯāliba dschadīda**
Haus neu	*Studentin neu(w)*
ein neues Haus	eine neue Studentin

Anmerkung: Das oft gebrauchte Eigenschaftswort chosch *(gut) wird stets vor das Hauptwort gesetzt:* chosch walad *(ein netter Kerl).*

Erhält das Hauptwort den Artikel il-, trifft das auch auf das Eigenschaftswort zu:

il-bēt idsch-dschadīd
der-Haus der-neu
das neue Haus

iṯ-ṯāliba idsch-dschadīda
der-Studentin der-neu(w)
die neue Studentin

Endet das Eigenschaftswort auf -ī, z. B. ghālī (teuer), wird bei der Bildung der weiblichen Form -ya statt -a angefügt: ghālīya.

Mehrzahl (Plural)

Auch Eigenschaftswörter können, ebenso wie Hauptwörter, Mehrzahlendungen erhalten.

Eigenschaftswörter (Adjektive)

Grundsätzlich gilt: Ist das Hauptwort eine Person und steht in der Mehrzahl, muss das mit ihm verbundene Eigenschaftswort ebenfalls die Mehrzahlform annehmen. Bei einigen Eigenschaftswörtern ist sie identisch mit der des Hauptwortes.

Mehrzahl männlich:	**-īn**
Mehrzahl weiblich:	**-āt**

il-fallāh̲ il-*irāqī
der-Bauer der-irakisch
der irakische Bauer

il-fallāh̲īn il*irāqīyīn
der-Bauern der-irakischen(m, Mz)
die irakischen Bauern

it̲-t̲abība idsch-dschadīda
der-Ärztin der-neu(w)
die neue Ärztin

it̲-t̲abībāt idsch-dschadīdāt
der-Ärztinnen der-neuen(w, Mz)
die neuen Ärztinnen

Bezeichnet das in der Mehrzahl stehende Hauptwort hingegen eine Sache, ein Tier oder eine Pflanze, dann erhält das Eigenschaftswort immer die weibliche Einzahlendung -a, auch dann, wenn das Hauptwort grammatikalisch männlichen Geschlechts ist.

sayyāra saghīra
Auto klein(w)
(ein) kleines Auto

sayyārāt saghīra
Autos klein(w, Ez!)
kleine Autos

il-bēt il-qadīm
der-Haus(m) der-alt
das alte Haus

il-buyūt il-qadīma
der-Häuser der-alt(w, Ez!)
die alten Häuser

Wichtige Eigenschaftswörter

kabīr	alt (Mensch); groß
***atīg**	alt (Sache)
qadīm	alt (historisch)
faqīr	arm
miskīn	arm; krank
rachīs	billig
wāsi*	breit (Fläche)
ghabī	dumm
basīt	einfach, leicht
muwāfiq	einverstanden
ghalat	falsch
ba*īd	fern, weit
min waqit	früh, zeitig
maftūh	geöffnet, offen
masdūd	geschlossen
zēn	gut; gesund
hārr	heiß; scharf (Speise)
***ālī**	hoch
saghīr	jung; klein
bārid	kalt
marīz	krank
qasīr	kurz

ṯawīl	lang
yawāsch	langsam
fāẕī	leer
chafīf	leicht (Gewicht)
ta*bān	müde
qarīb	nahe
dschadīd	neu
ghanī	reich
ṣaḥīḥ	richtig, wahr
naẕīf	sauber
ḥāmiẕ	sauer
sayyi	schlecht
wasich	schmutzig
sarī*	schnell
dschamīl	schön
thaqīl	schwer (Gewicht)
ṣa*b	schwierig
ḥilū	süß
ghālī	teuer
kathīr	viel
qalīl	wenig

Farben

männlich	weiblich	
azrag	**zargā'**	blau
bunnī	**bunnīya**	braun
aṣfar	**ṣafrā'**	gelb
achẕar	**chaẕrā'**	grün
aḥmar	**ḥamrā'**	rot

aswad	saudā'	schwarz
abyaz	baizā'	weiß
mulawwan	mulawwana	farbig
dhahabī	dhahabīya	golden
fizzī	fizzīya	silbern
tōch	tōcha	dunkel
fātih	fātiha	hell

Sätze ohne Verben (Nominalsätze)

Das Hilfsverb „sein" für die Gegenwart gibt es im Arabischen nicht. Ein entsprechender Satz besteht lediglich aus Haupt- und Eigenschaftswort. Den Artikel il- erhält nur das Hauptwort, dessen grammatikalisches Geschlecht vom Eigenschaftswort übernommen wird.

il-matār qarīb.
der-Flughafen nahe
Der Flughafen ist nah.

il-ghurfa nazīfa.
der-Zimmer sauber(w)
Das Zimmer ist sauber.

... oder auch:

il-akil il-*irāqī hārr.
der-Essen der-irakisch scharf
Das irakische Essen ist scharf.

il-bint is-saghīra marīza.
der-Mädchen der-klein(w) krank(w)
Das kleine Mädchen ist krank.

Dieses und Jenes

Zur Bestimmung eines Hauptwortes werden auch im Irakisch-Arabischen hinweisende Fürwörter (Demonstrativpronomen) verwendet.

für die Nähe

hādha	dieser, dieses *(m Ez)*
hādhi, hāi	diese *(w Ez, Mz)*
hadhōli, dhōli	diese *(für alle Personen Mz)*

Mitunter wird auch nur hal- (bzw. har-, has- usw. bei „Sonnenbuchstaben", vgl. dazu das Kapitel „Artikel") für alle Situationen verwendet, insbesondere dann, wenn es sich um häufig gebrauchte Ausdrücke handelt, z. B. halyōm (heute), hassa (jetzt).

für die Ferne

hadhāk, dhāk	jener, jenes *(m Ez)*
hadhītsch, dhītsch	jene *(w Ez, Mz)*
hadhōlak, dhōlak	jene *(für alle Personen Mz)*

hādha l-bēt qadīm.
dieser der-Haus alt
Dieses Haus ist alt.

hādhi l-fallā<u>h</u>a *irāqīya.
diese der-Bäuerin irakisch(w)
Diese Bäuerin ist Irakerin.

hādhi l-buyūt qadīma.
diese (w, Ez) der-Häuser alt (w, Ez)
Diese Häuser sind alt.

hadhōli l-fallā<u>h</u>āt *irāqīyāt.
diese der-Bäuerinnen irakischen(w, Mz)
Diese Bäuerinnen sind Irakerinnen.

dhāk il-kitāb ghālī.
jenes der-Buch teuer
Jenes Buch ist teuer.

hadhītsch il-madrassa qarība.
jene der-Schule nahe (w)
Jene Schule ist in der Nähe.

Im Gegensatz zum deutschen Sprachgebrauch werden im Irak die hinweisenden Fürwörter der Ferne viel häufiger verwendet. Gewöhnlich stehen sie vor dem Hauptwort, auf das sie sich beziehen. Letzteres erhält den Artikel il-, *der das* i *verliert, wenn das Fürwort auf einen Selbstlaut endet.*

Hat das Hauptwort keinen Artikel il-, wird das hinweisende Fürwort selbstständig. Es entsteht ein einfacher Satz ohne Verb.

hādha chubuz.	**hadhōli *irāqīyīn.**
dieser Brot	*diese(Mz) irakischen(m, Mz)*
Das ist (ein) Brot.	Das sind Iraker.

Zur besonderen Hervorhebung des Hauptwortes kann das zugehörige Fürwort auch nachgestellt werden.

il-buyūt dhītsch qadīma.
der-Häuser jene (w, Ez) alt (w, Ez)
Jene Häuser (dort) sind alt.

Persönliche Fürwörter

Die Höflichkeitsform „Sie" als Anrede gibt es nicht, man „duzt" sich grundsätzlich (vgl. das Kapitel „Anrede").

Im Unterschied zum Deutschen wird im irakischen Dialekt bei der Anrede (2. Person Ez) zwischen den Geschlechtern unterschieden, so dass zwei Formen existieren.

āni	ich
inta	du *(m)*
inti	du *(w)*
huwwa	er
hiyya	sie
ihna	wir
intum	ihr
humma	sie

āni almānī.
ich Deutscher
Ich bin Deutscher.

inta *irāqī.
du Iraker
Du bist Iraker.

huwwa tabīb.
er Arzt
Er ist Arzt.

ihna suwwāh almān.
wir Touristen deutschen
Wir sind deutsche Touristen.

Besitzanzeigende Fürwörter

Zur Wiedergabe eines Besitzverhältnisses im irakischen Dialekt muss an das Hauptwort eine bestimmte Endung angehängt werden. Wichtig ist dabei, ob das Hauptwort auf einem Mitlaut oder einem Selbstlaut endet.

Wort endet auf ...	Mitlaut	Selbstlaut
mein (mir, mich)	**-ī**	**-ya**
dein (dir, dich)	**-ak** *(m)* / **-itsch** *(w)*	**-k** *(m)* / **tsch** *(w)*
sein (ihm, ihn)	**-ah**	**-h**
ihr (ihr, sie)	**-ha**	**-ha**
unser (uns, uns)	**-na**	**-na**
euer (euch, euch)	**-kum**	**-kum**
ihr (ihnen, ihnen)	**-hum**	**-hum**

Wie aus den in Klammern gesetzten Fürwörtern deutlich wird, können die arabischen Endungen noch anderweitig verwendet werden. Beispiele:

Siehe dazu auch die Kapitel "Wem? oder Wen?" und "Verhältniswörter".

ismī
Name-mein
mein Name

bētak
Haus-dein(m)
dein Haus

bintitsch
Tochter-dein(w)
deine Tochter

bētna
Haus-unser
unser Haus

Besitzanzeigende Fürwörter

Wird ein besitzanzeigendes Fürwort an ein weibliches Hauptwort angehängt, dann tritt, wie bereits bekannt, die ursprüngliche Endung -at an die Stelle von -a.

sayyāratna sarī*a.
Auto-unser schnell(w)
Unser Auto ist schnell.

Iraker drücken ein Besitzverhältnis, wenn es sich um erwerbbare Gegenstände handelt, oft auch mit Hilfe von māl̠ *(m)* bzw. māl̠tī *(w)* „Besitz" aus (vgl. Kapitel „Scheinverben").

il-bēt māl̠ī
der-Haus Besitz-mein
mein Haus

is-sayyāra māl̠tah dschadīda.
der-Auto Besitz-sein neu(w)
Sein Auto ist neu.

Blick auf den Tigris

Foto: Stephan Rosiny

Scheinverben

Im irakischen Dialekt, wie im Arabischen allgemein, gibt es sprachliche Ausdrücke, so genannte „Scheinverben“, die zwar eine Tätigkeit ausdrücken können, ihrer grammatikalischen Form nach aber keine Verben sind.

Haben

Das deutsche Verb „haben“, auch in der Bedeutung „besitzen“, wird mit dem Verhältniswort *ind (bei) wiedergegeben. Daran werden die jeweiligen besitzanzeigenden Fürwörter angehängt .

„Ich habe” / „Ich besitze“ wird ausgedrückt durch *ind (bei mir ist ... / mit mir ist ...).

Beginnt das besitzanzeigende Fürwort mit einem Mitlaut, dann fällt das n *des Verhältniswortes* *ind *weg.*

***indī**	ich habe
***indak**	du *(m)* hast
***inditsch**	du *(w)* hast
***indah**	er hat
***idha**	sie hat
***idna**	wir haben
***idkum**	ihr habt
***idhum**	sie haben

***indī bēt dschadīd.**
bei-mir Haus neu
Ich habe ein neues Haus.

Gehören

Beide Beispielsätze entsprechen natürlich auch dem deutschen „das ist sein Buch" bzw. „das ist mein Auto".

Das deutsche Verb „gehören" umschreibt man im Irakisch-Arabischen entweder durch Anhängen besitzanzeigender Endungen oder mittels des bereits bekannten Wortes māl (Besitz), wenn es sich um Gegenstände handelt.

hādha kitābah.
dieser Buch-sein
Dieses Buch gehört ihm.

hādhi s-sayyāra māltī.
diese (w, Ez) der-Auto Besitz-mein
Dieses Auto gehört mir.

Können

Das deutsche Hilfsverb „können" wird durch mumkin (möglich) wiedergegeben, wobei es auch in einer Verbindung mit Verben stehen kann (vgl. dazu Kapitel „Tätigkeitswörter").

mumkin trūh bil-bās.
möglich du-gehst(m) mit-der-Bus
Du kannst mit dem Bus fahren.

mumkin aschūfak bātschir?
möglich ich sehe-dich(m) morgen
Kann ich dich (m) morgen sehen?

yimkin hat die Bedeutung „vielleicht":

yimkin *indī waqit.
er-ist-möglich bei-mir Zeit
Vielleicht habe ich Zeit.

Müssen

Mit dem Wort lāzim (notwendig) werden das deutsche „müssen", aber auch „brauchen" ausgedrückt. Hat der Satz kein Verb, erhält lāzim die entsprechende besitzanzeigende Endung.

lāzim aschūfak bātschir.
notwendig ich-sehe-dich(m) morgen
Ich muss dich morgen sehen.

lāzimna waqit ka<u>th</u>īr.
notwendig-uns Zeit viel
Wir brauchen viel Zeit.

Wollen

Zur Wiedergabe von „wollen" und „mögen" verwendet man im irakischen Dialekt arīd ... (ich will). arīd kann wie ein normales Verb gebeugt werden.

arīd flūs.
ich-will Geld
Ich möchte Geld.

arīd aschrab tschāi.
ich-will ich-trinke Tee
Ich möchte Tee trinken.

Steigern und Vergleichen

Bei der Steigerung von Eigenschaftswörtern (z. B. schön – schöner – am schönsten) werden deren Mitlaute der Reihe nach in ein bestimmtes Schema eingefügt.

1. Steigerungsstufe

a + 1.M + 2.M + **a** + 3.M

Wie ist nun die Anwendung? Die Steigerungsform beginnt immer mit dem Selbstlaut a. Es folgen der 1. und 2. Mitlaut (1.M + 2.M), dann nochmals der Selbstlaut a und schließlich der 3. Mitlaut (3.M). Ein Beispiel: dschamīl (schön) hat die Mitlaute dsch-m-l. Nach dem Schema entsteht „a-dsch-m-a-l": adschmal (schöner).

Dieses Steigerungsschema lässt sich allerdings nicht immer anwenden. Bei allen Eigenschaftswörtern mit den Vorsilben ma- und mu-, wie z. B. ma<u>h</u>būb (beliebt) oder mufīd (nützlich), wird das entsprechende Eigenschaftswort mit ak<u>th</u>ar (mehr) kombiniert, das eine Steigerungsform von ka<u>th</u>īr (viel) ist.

huwwa ma<u>h</u>būb ak<u>th</u>ar.
er beliebt mehr
Er ist beliebter.

hādha mufīd ak<u>th</u>ar.
dieser nützlich mehr
Dieses ist nützlicher.

Wollen Sie sagen, dass Ihnen etwas zu klein, zu teuer usw. ist, verwenden Sie das Eigenschaftswort in der Grundform und ergänzen es durch kullisch (zu, sehr).

Da mit kullisch ebenso das deutsche „sehr" ausgedrückt werden kann, wäre demzufolge dieser Satz auch zu übersetzen: „Dieses Essen ist sehr teuer."

hādha l-akil ghālī kullisch.
dieser der-Essen teuer zu
Dieses Essen ist zu teuer.

2. Steigerungsstufe

Bei Personen:

huwwa achūya il-akbar.
er Bruder-mein der-größte
Er ist mein ältester Bruder.

hiyya uchtī il-asghar.
sie Schwester-mein der-kleinste
Sie ist meine jüngste Schwester.

Bei Dingen (mit schī – Sache)

hādha archas schī.
dieser billiger Sache
Dies ist das billigste.

hādha ahsan schī.
dieser besser Sache
Dies ist das beste.

Vergleichen

Personen oder Dinge werden durch das Wort min (als) miteinander verglichen.

āni asghar min uchtī.
ich kleiner als Schwester-mein
Ich bin jünger als meine Schwester.

baghdād adschmal min il-basra.
Bagdad schöner als der-Basra
Bagdad ist schöner als Basra.

Für Vergleiche werden persönliche Fürwörter an min angehängt.

huwwa akbar minī.
er größer als-mich
Er ist älter als ich.

āni ta*bān akthar minak.
ich müde mehr als-dich(m)
Ich bin müder als du.

Der Vergleich „so ... wie" wird im irakischen Dialekt mit mithil (wie) ausgedrückt.

hādha l-kitāb mufīd mithil dhāk.
dieser der-Buch nützlich wie jenes
Dieses Buch ist (genau) so nützlich wie jenes.

Tätigkeitswörter (Verben)

Im Arabischen und somit auch im irakischen Dialekt haben Tätigkeitswörter keine Nennform (Infinitiv), wie wir sie vom Deutschen her kennen. Stattdessen steht im Wörterverzeichnis immer die Zeitstufe der Vergangenheit, 3. Person, Einzahl, männlich, die manchmal auch als „Grundform“ des Tätigkeitswortes bezeichnet wird.

Diese Grundform ist zugleich Ausgang für die Beugung eines Tätigkeitswortes, indem daran die entsprechenden Personenendungen (ich, du, er usw.) angehängt werden. Die Verwendung der persönlichen Fürwörter ist nur zur Hervorhebung notwendig, z. B.: āni difa*it – ich habe bezahlt (und nicht du).

Vergangenheit

Die Vergangenheitsform im irakischen Dialekt entspricht sowohl der deutschen einfachen Vergangenheit (Imperfekt) als auch der vollendeten Gegenwart (Perfekt).

difa*it.
bezahlte-ich
Ich bezahlte / habe bezahlt.

ihna difa*na
wir bezahlten-wir
Wir (und nicht ihr!) haben bezahlt.

Nachfolgend das Beugungsmuster (Endungen) für Verben in der Vergangenheit:

ich	**-it**
du *(m)*	**-it**
du *(w)*	**-tī**
er	(Grundform)
sie	**-at**
wir	**-na**
ihr	**-tu**
sie	**-au**

Beispiel:

schirab	trinken
schirabit	ich trank
schirabit	du *(m)* trankst
schirabtī	du *(w)* trankst
schirab	er trank
schirabat	sie trank
schirabna	wir tranken
schirabtu	ihr trankt
schirabau	sie tranken

Verben mit doppeltem Mitlaut am Ende

An die Grundform wird zusätzlich ein -ē angehängt. ḥabb (lieben) ändert sich zu ḥabbē-. Dieses Verb benutzen die Iraker viel, da es neben der angegebenen Bedeutung auch noch „mögen, wünschen, wollen" heißt. Man sollte es sich deshalb gut einprägen.

Besonderheiten: Nicht immer ist die Beugung so einfach. Bei den folgenden drei Verbarten verändern sich die Grundformen (außer in den 3. Pers. Ez und Mz).

habb	**habbē-**	lieben
habbēt		ich liebte
habbēt		du *(m)* liebtest
habbētī		du *(w)* liebtest
habb		er liebte
habbat		sie liebte
habbēna		wir liebten
habbētu		ihr liebtet
habbau		sie liebten

Verben mit langem -ā- in der Wortmitte

An die Stelle des langen -ā- tritt ein kurzes -u- oder -i-. Da die Regeln hierfür recht kompliziert sind, ist es am günstigsten, die Beugung dieser Verben auswendig zu lernen.

schāf	**schuf-**	sehen
schufit		ich sah
schufit		du *(m)* sahst
schuftī		du *(w)* sahst
schāf		er sah
schāfat		sie sah
schufna		wir sahen
schuftu		ihr saht
schāfau		sie sahen

dschāb dschib-	bringen
dschibit	ich brachte
dschibit	du *(m)* brachtest
dschibtī	du *(w)* brachtest
dschāb	er brachte
dschābat	sie brachte
dschibna	wir brachten
dschibtu	ihr brachtet
dschābau	sie brachten

„sein“ in der Vergangenheit

Anders als in der Gegenwart (vgl. Kapitel „Sätze ohne Verben“) existiert für die Zeitstufe der Vergangenheit das Hilfsverb „sein“. Es lautet tschān (war). Die viel verwendeten Formen sehen so aus:

tschān	war
tschinit	ich war
tschinit	du *(m)* warst
tschintī	du *(w)* warst
tschān	er war
tschānat	sie war
tschinna	wir waren
tschintu	ihr wart
tschānau	sie waren

Mit Hilfe von tschān können Sätze, die in der Gegenwart kein Verb haben, in die Vergangenheit gesetzt werden.

bētna dschadīd.
Haus-unser neu
Unser Haus ist neu.

bētna tschān dschadīd.
Haus-unser war-er neu
Unser Haus war neu.

Der deutsche Ausdruck „es war“ wird im Irakisch-Arabischen mit tschān (er war) wiedergegeben:

tschān dschamīl.
war-er schön
Es war schön.

Auch die im Kapitel „Scheinverben“ genannten Konstruktionen werden mit einer Beugungsform von tschān in der Vergangenheit ausgedrückt, da sie selbst in dieser Zeitstufe keine eigenen Formen haben:

tschānat *indī sayyāra dschamīla.
war-sie bei-mir Auto schön(w)
Ich hatte ein schönes Auto.

tschān lāzim aschūfitsch ilbārha.
war-er notwendig ich-sehe-dich(w) gestern
Ich musste dich gestern sehen.

Gegenwart

Der dem ersten Mitlaut in der Grundform folgende Selbstlaut fällt weg, z. B. schirab (Grundform des Verbs „trinken“) verändert sich zu -schrab.

Daran werden die Vor- und Nachsilben für die entsprechenden Personen angehängt.

Die Beugungsformen der Gegenwart werden von der Grundform Vergangenheit hergeleitet. Sie bieten keine größeren Schwierigkeiten bei der Bildung und Anwendung.

ich	**a-**
du *(m)*	**ti-**
du *(w)*	**ti-...-īn**
er	**yi-**
sie	**ti-**
wir	**ni-**
ihr	**ti-...ūn**
sie	**yi-...ūn**

Auf das Verb schirab angewendet, sieht die Beugung aus wie folgt.

In den Wörterlisten im Anhang wird zusätzlich zur Grundform die Gegenwartsform (3. Pers. Ez, m.) angegeben. Man sollte sich beide Formen gut einprägen.

schirab	trinken
aschrab	ich trinke
tischrab	du *(m)* trinkst
tischrabīn	du *(w)* trinkst
yischrab	er trinkt
tischrab	sie trinkt
nischrab	wir trinken
tischrabūn	ihr trinkt
yischrabūn	sie trinken

Nicht immer bleibt der zweite Selbstlaut der Grundform Vergangenheit in den gebeugten Formen der Gegenwart erhalten (also das -a- von schirab). Bei vielen Verben ändert er sich, meist zu -u-, nur manchmal zu -i-. Eine Regel gibt es nicht.

Nach diesem Muster werden die meisten Verben gebeugt. Bei einigen Verben gibt es Besonderheiten, auf die man achten sollte.

Verben mit kurzem a- am Anfang verändern dieses in der Gegenwart zu einem langen -ā-.

akal	er aß
yākul	er isst
achadh	er nahm
yāchudh	er nimmt

Haben Verben ein langes -ā- in der Wortmitte, wird dieses in der Gegenwart durch ein langes -ū- (selten -ī-) ersetzt.

zār	er besuchte
yizūr	er besucht
rāh̲	er ging
yirūh̲	er geht
schāf	er sah
yischūf	er sieht

Verben, die auf -a enden, verwandeln dieses in der Gegenwart in langes -ī. Nur manchmal bleibt es unverändert; wofür aber keine Regel existiert.

schtira	er kaufte
yischtirī	er kauft
h̲itscha	er sprach
yih̲tschī	er spricht

tmaschscha	er ging
yitmaschscha	er geht
t*aschscha	er aß Abendbrot
yit*aschscha	er isst Abendbrot

Keine Schwierigkeiten bereiten Verben, die in der Grundform Vergangenheit auf zwei gleiche (verdoppelte) Mitlaute enden.

habb	er wollte
yihibb	er will
***add**	er zählte
yi*idd	er zählt

Wird der zweite Mitlaut verdoppelt, ist die Selbstlautfolge in der Gegenwart i-a-i.

challas	er beendete
yichallis	er beendet
sawwar	er fotografierte
yisawwir	er fotografiert

Kombination mit Modalverben

Die Ausdrücke yimkin (vielleicht) und lāzim (notwendig) können mit Verben kombiniert werden.

yimkin rāh ila l-bēt.
vielleicht ging-er zu der-Haus
Vielleicht ist er nach Hause gegangen.

lāzim yākul.
notwendig er-isst
Er muss essen.

Zukunft (Futur)

Die Bildung der Zukunft erfolgt mit Hilfe des Verbs rā<u>h</u> (gehen), das unverändert bleibt und vor der Beugungsform steht:

rā<u>h</u> yisāfir li almānia.
ging-er er-reist nach Deutschland
Er wird nach Deutschland reisen.

ba*ad sana rā<u>h</u> adrus *arabī.
nach Jahr ging-er ich-lerne Arabisch.
In einem Jahr werde ich Arabisch lernen.

Dem deutschen Verb „werden" entspricht im irakischen Dialekt <u>s</u>ār (Gegenwart: yi<u>s</u>īr). Es wird nicht zur Bildung der Zukunft verwendet.

kull yi<u>s</u>īr zēn.
alles er-wird gut
Alles wird gut.

hiyya <u>s</u>ārat ta*bāna.
sie wurde-sie müde
Sie ist müde geworden.

Mittelwort der Gegenwart (Partizip I)

Das Partizip I (z. B. essend, gehend usw.) steht im irakischen Dialekt häufig anstelle der gebeugten Verbform Gegenwart. Es lässt sich nach einer festen Regel vom Verb herleiten, die jedoch aufgrund zahlreicher Besonderheiten hier nicht näher erläutert werden soll. Zudem findet nicht jedes Partizip auf diese Weise Anwendung. Da das Partizip keine Beugungsendungen hat, muss zur Bestimmung der Person das entsprechende Fürwort zugeordnet werden.

fiham	verstehen
fāhim	verstehend
āni fāhim	ich verstehend

āni fāhim *ist gleichbedeutend mit der Beugungsform* (āni) afham: *ich verstehe.*

Partizipien werden grammatikalisch wie Eigenschaftswörter behandelt. Beziehen sie sich auf weibliche Personen, erhalten sie die schon bekannten Endungen -a *(Ez)* bzw. -āt *(Mz)* sowie -īn für die männliche Mehrzahl.

āni rāyiẖ hassa ila baghdād.
ich gehend(m) jetzt nach Bagdad
Ich fahre jetzt nach Bagdad.

inti fāhima?
du(w) verstehend(w)
Verstehst du?

iẖna *ārifīn hādha!
wir wissend(m, Mz) dieser
Wir wissen/kennen das!

Mit tschān (war) wird die Handlung in der Vergangenheit ausgedrückt, aber nicht häufig angewendet:

iẖna tschinna fāhimīn hādha!
wir waren-wir verstehend(m, Mz) dieser
Wir haben das (schon) verstanden!

	Vergangenheit	Gegenwart	Partizip I
Angst haben	chāf	yichāf	chāyif
ausruhen, sich	rtāh	yirtāh	murtāh
benutzen	sta*mal	yista*mil	musta*mil
besuchen	zār	yizūr	zāyir
bezahlen	difa*	yidfa*	dāfi*
erklären	schirah	yischrah	schārih
essen	akal	yākul	ākil
gehen, fahren	rāh	yirūh	rāyih
kommen	idscha	yidschī	dschāi
machen / tun	sawwa	yisawwī	musawwī
schlafen	nām	yinām	nāyim
sehen	schāf	yischūf	schāyif
sitzen	gi*ad	yig*ud	gā*id
trinken	schirab	yischrab	schārib
verstehen	fiham	yifham	fāhim
warten	ntizar	yintizir	muntazir
wissen	*iraf	yi*ruf	*ārif
wohnen	sikan	yiskin	sākin

Foto: Stephan Rosiny

Stufenpyramide (Zikkura) in der sumerischen Stadt Ur

Wem? oder Wen?

Für „mir, mich; dir, dich" usw. in Sätzen wie „ich schreibe dir" oder „er sieht mich" verwenden die Iraker besitzanzeigende Endungen. Sie werden an das Verb angehängt. Zu beachten ist allerdings, dass bei der 1. Pers. Einzahl (mir, mich) die Endung -nī statt -ī lautet.

(vgl. Kapitel „Besitzanzeigende Fürwörter")

ftihamitnī?
verstandest-du(m)-mich
Hast du mich verstanden?

aschūfak bātschir.
ich-sehe-dich(m) morgen
Ich sehe dich morgen.

Um eine bestimmte grammatikalische Beziehung herzustellen, werden ähnlich wie im Deutschen einige Verben mit Verhältniswörtern (Präpositionen) verbunden, an die besitzanzeigende Endungen angefügt werden.

katabit laha risāla.
schrieb-ich für-sie Brief
Ich habe ihr einen Brief geschrieben.

nrūh̲ wīyāk.
wir-gehen mit-dir(m)
Wir gehen mit dir.

Bindewörter (Konjunktionen)

Bindewörter werden im Allgemeinen wie im Deutschen verwendet.

lākin	aber
ka'annu	als ob
qabul mā	bevor
hatta	bis (dass ...)
ba*dēn	danach
inna	dass
li'anna	denn; weil
ba'd mā	nachdem
bass	nur; aber
au	oder
hatta	um zu; damit
wa-/w-	und
lā ... wu-lā	weder ... noch
illī	welche(r, s)
lamma	wenn (zeitl.)
mithil	wie (vergleichend)

Hinweis: wu- *verschmilzt mit dem Artikel zu* wil- *(und der, und die).*

a*ruf inna l-utēl ba*īd.
ich-weiß, dass der-Hotel weit
Ich weiß, dass es bis zum Hotel weit ist.

is-sidschdschāda ghālīya li'anna hiyya qadīma.
der-Teppich(w) teuer(w), weil sie alt(w)
Der Teppich ist teuer, weil er alt ist.

Bindewörter (Konjunktionen)

Satzkonstruktionen wie „der Mann, der/welcher ..." usw. können mit illī (der, die das, die Mz. bzw. welcher, welche, welches, welche Mz.) gebildet werden.

ir-radschil illī gāl ...
der-Mann, welcher sagte-er ...
Der Mann, der gesagt hat ...

it̠-t̠āliba illī tadrus bi-baghdād ...
der Studentin, welche sie-studiert in Bagdad ...
Die Studentin, die in Bagdad studiert ...

Ein Satz wie „der Mann, den ..." wird folgendermaßen ausgedrückt:

ir-radschil illī schuftuh ilbārh̲a bi-s-sūg ...
der-Mann, welcher sah-ich-ihn gestern in-der-Markt ...
Der Mann, den ich gestern auf dem Markt gesehen habe ...

Foto: Stephan Rosiny

Mutanabbi, berühmte Buchhändlerstraße in Bagdad

Verhältniswörter (Präpositionen)

Verhältniswörter stehen immer vor dem Hauptwort, auf das sie sich beziehen.

***ala**	auf
ghēr	außer
***ind**	bei
hatta	bis (zeitl.)
li	für
wara	hinter
fī, bi	in
dāchil	innerhalb / inmitten
wīya, ma*a	mit
ba*ad	nach (zeitl.)
ila	nach / zu (Ort)
yamm	neben
bidūn	ohne
fōg	über (Ort)
tahat	unter
min	von / aus
giddām	vor (Ort)
gabul	vor (zeitl.)
***an**	von ... weg
bēn	zwischen

Verhältniswörter, die auf -i enden, verschmelzen in der Aussprache mit dem nachfolgenden Artikel il-, wobei dessen i wegfällt:

li + il = lil	**lil-bint**	für das Mädchen
bi + il = bil	**bil-bēt**	im Haus, zu Hause

Endet das Verhältniswort hingegen auf a, verändert sich der Artikel il- zu al-:

***ala + il = *alal**	***alal-mēz**	auf dem Tisch
ila + il = ilal	**ilal-madīna**	in die Stadt

Zur Wiedergabe des deutschen „bei mir“, „außer dir“ usw. werden im irakischen Dialekt die schon bekannten besitzanzeigenden Fürwörter an das jeweilige Verhältniswort angehängt.

***indī**
bei-mir
bei mir

ghērak
außer-dir(m)
außer dir

ug*ud yammuh!
setz-dich(m) neben-ihn
Setz dich zu ihm / neben ihn!

Fragen

Wie in vielen anderen Sprachen auch, wird unterschieden zwischen Ergänzungsfragen (Fragen mit Fragewörtern) und Entscheidungsfragen, die nur mit „ja" oder „nein" beantwortet werden können.

Ergänzungsfragen

Fragewörter stehen, wie im Deutschen, normalerweise am Satzanfang. Soll das Fragewort besonders betont werden, kann es auch ans Ende des Satzes gesetzt werden.

yamta?	wann?
liēsch?	warum?
schinū?	was?
aiy?/yā?	welche (r, s)?
minū?	wer?
schlōn?	wie?
biēsch?	wie teuer?
tscham?	wie viel(e)?
schgad?	wie weit?
wēn?	wo?
minēn?	woher?
li-wēn?	wohin?
liēsch?	wofür?; wozu?

yamta aschūfak?
wann ich-sehe-dich(m)
Wann sehe ich dich?

schlōnitsch?
wie-du(w)
Wie geht es dir?

biēsch il-chubuz?
wie-viel der-Brot
Wie viel kostet das Brot?

wēn bētak?
wo Haus-dein
Wo ist dein Haus?

rāh̲ yamta?
ging-er wann
Er ist wann gegangen?

huwwa wēn?
er wo
Er ist wo?

Wie die Beispiele zeigen, können an Fragewörter auch besitzanzeigende Endungen anhängt werden.

Entscheidungsfragen

Fragen, die sich mit „ja" oder „nein" beantworten lassen, sind Entscheidungsfragen. Sie haben keine Fragewörter und werden oft mit dem Wort akū ...? (gibt es ...?) gebildet.

akū tschāi *idkum?	**akū tamur ṯāze?**
er-gibt Tee bei-euch	*er-gibt Datteln frisch*
Haben Sie Tee?	Gibt es frische Datteln?

Die Antwort könnte einfach nur balī (ja) bzw. lā (nein) oder auch akū (es gibt) bzw. mākū (es gibt nicht) lauten. Selten wird im vollständigen Satz geantwortet.

Auch im irakischen Dialekt kann ein Aussagesatz als Fragesatz wiedergegeben werden, indem man am Satzende die Stimme etwas hebt.

abūk bil-bēt?	**balī, huwwa bil-bēt.**
Vater-dein im-Haus	*ja, er im-Haus*
Ist dein Vater zu Hause?	Ja, er ist zu Hause.

Verneinung

Nominalsätze (Sätze ohne Verben) werden mit mū (nicht; kein) verneint. Es steht immer vor dem Haupt- oder Eigenschaftswort. Die Satzstellung ändert sich dadurch nicht.

il-mōz mū ghālī.
der-Bananen nicht teuer
Die Bananen sind nicht teuer.

il-utēl mū ba*īd.
der-Hotel nicht weit
Das Hotel ist nicht weit.

lā, āni mū inglīzī
nein, ich nicht Engländer
Nein, ich bin kein Engländer.

hādha mū zēn.
dieser nicht gut
Das ist nicht gut.

Enthält der Satz hingegen ein Verb, wird dieses in Gegenwart und Vergangenheit mit mā (nicht) verneint. mā steht immer vor dem Verb.

mā idscha.
nicht kam-er
Er ist nicht gekommen.

mā a*ruf.
nicht ich-weiß
Ich weiß (es) nicht.

*Die Wendungen *ind (bei) für „haben", lāzim (notwendig) für „müssen", mumkin (möglich) für „können" und akū (es gibt) werden ebenfalls durch mā verneint.*

liēsch mā chābaritnī ilbārha?
warum nicht anriefst-du(m)-mich gestern
Warum haben Sie mich gestern nicht angerufen?

mā *indī wakit hassa.
nicht bei-mir Zeit jetzt
Ich habe jetzt keine Zeit.

mākū schī.
nicht-er-gibt Sache
Es ist nichts (passiert).

Für die deutschen Ausdrücke „nichts", „niemals", „niemand" und „nirgends" sowie „kein einziges Mal" und „nicht alles" kennt der irakische Dialekt besondere Konstruktionen:

mākū schī *nicht-er-gibt Sache*	(gar) nichts
mā ... abadan *nicht ... niemals*	(nie)mals
māhad *nicht-einer*	niemand
wu-lā makān *und-nein Ort*	nirgends
mā ... wu-lā marra *nicht und-nein Mal*	kein einziges Mal
mā ... kull schī *nicht .... jede Sache*	nicht alles

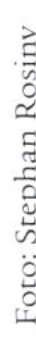
Foto: Stephan Rosiny

Kadhimiya-Moschee, Bagdad

mā tschinnit bi-baghdād abadan.
nicht war-ich in-Bagdad niemals
Ich war noch nie in Bagdad.

mā ftihamit kull schī.
nicht verstand-ich jede Sache
Ich habe nicht alles verstanden.

Noch ein Hinweis: schī (Sache, Ding, etwas) wird für alle Wörter verwendet, die einem im Moment gerade nicht einfallen oder die man nicht kennt.

Dazu gehört auch schisma *(was-ist-sein-Name). Es wird als Ersatz für ein unbekanntes Wort gebraucht und entspricht dem deutschen „Dings".*

hināk fadd schī.
dort gewisse Sache
Dort ist etwas.

Auffordern

Die Regeln zur Bildung der Befehlsform (Imperativ) sind zu umfangreich und kompliziert, um sie hier vollständig zu erklären. Es ist deshalb vorteilhaft, die häufigsten Befehlsformen auswendig zu lernen. Weitere finden Sie bei Bedarf in den Wörterlisten im Anhang.

Grundlage für die Befehlsform vieler Verben bildet die 2. Person Einzahl bzw. Mehrzahl Gegenwart. Die Vorsilbe ti- (bei manchen Verben t-) entfällt und wird ersetzt durch i-, wenn der nachfolgende Selbstlaut a oder i ist, ansonsten durch u. Bei anderen Verben fällt einfach die Vorsilbe weg.

Wer sich damit ausführlicher beschäftigen will, findet diese Formen in den Arabisch-Lehrbüchern unter der Bezeichnung „erweiterte Verbstämme".

tischrab	du trinkst *(m)*
ischrab!	trink! *(m)*
tischrabīn	du trinkst *(w)*
ischrabī!	trink! *(w)*
tischrabūn	ihr trinkt *(m/w)*
ischrabū!	trinkt!

Die Befehlsform verliert in der Mehrzahl und der Einzahl *(w)* außerdem das -n der Endung.

Befehlsform in Einzahl (m/w) & Mehrzahl

	männlich	weiblich
bringe!	dschību!	dschībī!
bringt!	dschībū!	
frage!	is'al!	is'alī!
fragt!	is'alū!	
geh!	rūh!	rūhī!
geht!	rūhū!	
gib!	nti!	ntī!
gebt!	ntū!	
iss!	kul!	kūlī!
esst!	kulū!	
lies!	iqra!	iqra'ī!
lest!	iqra'ū!	
nimm!	chudh!	chudhī!
nehmt!	chudhū!	
sage!	gul!	gūlī!
sagt!	gūlū!	
schau!	schūf!	schūfī!
schaut!	schūfū!	
schreib!	uktub!	uktubī!
schreibt!	uktubū!	
setz dich!	ug*ud!	ug*udī!
setzt euch!	ug*udū!	
sprich!	ihtschi!	ihtschī!
sprecht!	ihtschū!	
trink!	ischrab!	ischrabī!
trinkt!	ischrabū!	
tritt ein!	udchul!	udchulī!
tretet ein!	udchulū!	

Sehr oft werden auch die nachfolgenden Befehlsformen verwendet. Sie gehen auf kein gebräuchliches Verb zurück.

ta*āl!	Komm her! *(m)*
ta*ālī!	Komm her! *(w)*
ta*ālū!	Kommt her!
chalā<u>s</u>! (nur eine Form)	Schluss jetzt!
ya<u>ll</u>a! (nur eine Form)	Beeil dich! / Beeilt euch!

Befehlsformen können durch yalla! verstärkt werden.

ya<u>ll</u>a ru<u>h</u>!	**ya<u>ll</u>a uktub!**
schnell, geh(m)	*schnell, schreib(m)*
etwa: los, hau ab!	Los, schreib (endlich)!

Verbunden werden kann yalla aber auch mit einem indirekten Befehl.

ya<u>ll</u>a nrū<u>h</u>!
schnell, wir-gehen
Los, gehen wir!

Zahlen und Zählen

Unsere Zahlen nennen wir „arabische Zahlen“, weil sie im Mittelalter von den Arabern über Spanien und Sizilien nach Europa gebracht wurden. Allerdings sehen die in der arabischen Welt heute gebräuchlichen Zahlen völlig anders aus. Unterschiede bestehen zwischen der gedruckten und der handgeschriebenen Form. Auch im Irak werden inzwischen neben den arabischen zunehmend die europäischen Zahlen verwendet. Im Gegensatz zur Schrift schreibt man die Zahlen wie bei uns, also von links nach rechts. Denken Sie daran, wenn Sie einkaufen und die Preise lesen wollen.

Grundzahlen

٠	١	٢	٣	٤	٥	٦	٧	٨	٩
0	1	2	3	4	5	6	7	8	9

0	**sifir**
1	**wāhid**
2	**ithnēn**
3	**thlātha**
4	**arba*a**
5	**chamsa**
6	**sitta**
7	**sab*a**
8	**thmānya**
9	**tis*a**
10	***aschra**

Die Aussprache der Zahlen sollten Sie sich gut einprägen, da sie tagtäglich Verwendung finden.

Die Zahlen von 11 bis 19 haben die Endung -*asch.

11	hdā*asch
12	thnā*asch
13	thlattā*asch
14	arbatā*asch
15	chmustā*asch
16	sittā*asch
17	sbatā*asch
18	thmuntā*asch
19	tsa*tā*asch

Die Zahlen von 20 bis 90 (Zehner) haben die Endung -īn.

20	*ischrīn
30	thlāthīn
40	arba*īn
50	chamsīn
60	sittīn
70	sab*īn
80	thmānīn
90	tis*īn

Einer- und Zehnerzahlen werden mit wu- (und) verbunden.

21	wāhid wu-*ischrīn	
22	thnēn wu-*ischrīn	
34	arba*a wu-thlāthīn	
45	chamsa wu-arba*īn	
56	sitta wu-chamsīn	usw.

Wie im Deutschen auch wird erst der Einer und dann der Zehner gelesen, z. B. chamsa wu-*ischrīn (fünf-und-zwanzig). Die Zahlen von 100 bis 900 (Hunderter) enden auf -mīya (hundert). Nur die Bezeichnung für 200 weicht davon ab. Sie steht in der (im Dialekt leicht veränderten) Zweizahlform von 100.

100	**mīya**
200	**mītēn**
300	**thlāth-mīya**
400	**arba*-mīya**
500	**chams-mīya**
600	**sit-mīya**
700	**saba*-mīya**
800	**thmān-mīya**
900	**tis*-mīya**

Die Zahlen von 1000 bis 10 000 (Tausender) enden auf -ālāf (Mehrzahl von alif tausend). Die Bezeichnung für 2000 ist, wie bei 200, die Zweizahlform von 1000.

1000	**alif**
2000	**alfēn**
3000	**thalātat ālāf**
4000	**arba*at ālāf**
5000	**chamsat ālāf**
6000	**sitt ālāf**
7000	**sab*at ālāf**
8000	**thmānat ālāf**
9000	**tis*at ālāf**
10.000	***aschrat ālāf**

„Million" ist im irakischen Dialekt ein Fremdwort und heißt malyūn.

Weitere Zahlen werden durch Zusammensetzungen gebildet, z. B.

325	**thlāth-mīya wu-chamsa wu-*ischrīn** *drei-hundert und-fünf und-zwanzig*
6555	**sitt ālāf wu-chams-mīya wu-chamsa wu-chamsīn** *sechs-tausend und-fünf-hundert und-fünf und-fünfzig*

Zählen

Gezählte Personen oder Gegenstände stehen immer hinter der Zahl. 3 bis 10 verlangen die Mehrzahl, alle anderen die Einzahl, bei 2 die Zweizahl. Beispiele:

***indī thlātha wulid wu-bintēn.**
bei-mir drei Söhne und-zwei-Töchter
Ich habe drei Söhne und zwei Töchter.

***indak alfēn dinār?**
bei-dir(m) zweitausend Dinar
Hast du zweitausend Dinar (bei dir)?

Grundrechenarten

Addition (+)	**wu / zāyid**	*und*
Subtraktion (-)	**nāquṣ**	*weniger*
Multiplikation (x)	**fī**	*in*
Division (:)	***ala**	*auf*
Ergebnis (=)	**yisāwī**	*er-gleicht*
Prozent (%)	**bil-mīya**	*in-der-Hundert*

mītēn dinār wu chams-mīya dinār yisāwī saba*-mīya dinār
zweihundert Dinar und fünfhundert Dinar er-gleicht siebenhundert Dinar
200 Dinar + 500 Dinar = 700 Dinar

***aschra fī sab*a yisāwi sab*īn**
zehn in sieben er-gleicht siebzig
10 x 7 = 70

chamsa wu-tis*īn fil-mīya min il-*irāqiyīn muslimīn.
fünf und-neunzig in-der-hundert von der-Iraker(m, Mz) Muslime(m, Mz)
95% der Iraker sind Muslime.

Ordnungszahlen

awwal, -a	erster, erste
thānī, -ya	zweiter, zweite
thālith, -a	dritter, dritte
rābi*, -a	vierter, vierte
chāmis, -a	fünfter, fünfte
sādis, sādsa	sechster, sechste
sābi*, -a	siebter, siebte
thāmin, -a	achter, achte
tāsi*, -a	neunter, neunte
***āschir, -a**	zehnter, zehnte

Die Ordnungszahlen werden grammatikalisch den Eigenschaftswörtern zugeordnet und deshalb auch wie diese behandelt. Beziehen sie sich auf ein weibliches Hauptwort, erhalten sie die weibliche Endung -a.

Ab „elfter, elfte" usw. sind die Grundzahlen gleichzeitig Ordnungszahlen, ohne Unterscheidung zwischen männlichem und weiblichem Geschlecht.

il-bāb i<u>th</u>-<u>th</u>ānī yamīn.
der-Tür der-zweite rechts
die zweite Tür rechts

i<u>t</u>-<u>t</u>āliba i<u>th</u>-<u>th</u>nā*asch
der-Studentin der-zwölf
die zwölfte Studentin

Bei Aufzählungen „erstens, zweitens" usw. finden ebenfalls die Ordnungszahlen Anwendung, erweitert durch die Endung -an.

awwalan	erstens
<u>th</u>ānīyan	zweitens (usw.)

Ausdrücke wie „einmal, zweimal" usw. werden im irakischen Dialekt so wiedergegeben:

fadd marra	einmal
martēn	zweimal
thlā<u>th</u> marrāt	dreimal
arba* marrāt	viermal (usw.)

Bruchzahlen

1/2	**nu<u>ss</u>**	1/6	**sudus**
1/3	**<u>th</u>ulu<u>th</u>**	1/7	**subu***
1/4	**rubu***	1/8	**<u>th</u>umun** usw.
1/5	**chumus**	3/4	**<u>th</u>alāth arbā***

Ergänzt werden diese Bruchzahlen durch wā<u>h</u>id (eins), z. B. wā<u>h</u>id rubu* (ein Viertel).

Alter

Nach dem Alter fragt man so:

schgad *umrak?	**inta schgad *umrak?**
wie-viel Alter-dein(m)	*du wie-viel Alter-dein(m)*
Wie alt bist du? / Wie alt sind Sie?	Wie alt bist du? / Wie alt sind Sie?

Die Anwort könnte lauten:

***umrī tis*a wu-t͟hlāt͟hīn sana.**
Alter-mein neun und-dreißig Jahr
Ich bin neununddreißig Jahre alt.

Es genügt auch, nur die Zahl zu nennen, also z. B. arba*īn (vierzig). Das ist die kürzeste Altersangabe.

Sāḫat at-Taḫrīr, „Platz der Befreiung", Bagdad

Foto: Stephan Rosiny

Zeit und Datum

Wichtige Zeitangaben

bil-masā'	abends
dhāk il-waqit	damals
ba*dēn	danach, später
ilbārha	gestern
ilyōm	heute
der-Tag	
dāyman	immer
hassa	jetzt, nun
biz-zuhur	mittags
in-der-Mittag	
bātschir	morgen
bis-subuh	morgens
ba*ad iz-zuhur	nachmittags
nach der-Mittag	
bil-lēl	nachts
abadan	niemals
hālan	sofort
mit'achchir	spät, verspätet
kul yōm	täglich
***uqub bātschir**	übermorgen
nach morgen	
gabul iz-zuhur	vormittags

arūh bātschir ila baghdād.
ich-gehe morgen nach Bagdad
Ich fahre morgen nach Bagdad.

ahtschī *arabī kul yōm.
ich-spreche Arabisch jeder Tag
Ich spreche täglich Arabisch.

Uhrzeit

Nach der Uhrzeit fragt man:

biēsch is-sā*a?	oder	**is-sā*a biēsch?**
wie-viel der-Stunde		*der-Stunde wie-viel*
Wie spät ist es?		Wie spät ist es?

Die Antwort auf diese Frage könnte folgendermaßen lauten: „vor" heißt illā (weniger), „nach" wu- (und), „Stunde" sā*a.

Zur Stundenangabe werden die Grundzahlen verwendet. Ausnahmen: „ein Uhr" heißt is-sā*a bil-wihda und „zwei Uhr" is-sā*a bith-thintēn.

is-sā*a hassa bith-thlātha.
der-Stunde jetzt in-der-drei
Es ist jetzt drei Uhr / 15 Uhr.

is-sā*a bil-*aschra wu-nuss.
der-Stunde in-der-zehn und-Hälfte
Es ist halb elf (Uhr).

sā*a kann auch weggelassen werden:

bith-thlātha	oder noch kürzer	**thlātha**
in-der-drei		*drei*
drei (Uhr) / 15 Uhr		drei (Uhr)

Im Irak ist es üblich, die Stunden nur bis 12 zu zählen und dann wieder mit eins zu beginnen. Wollen Sie genau angeben, welches (z. B.) „acht Uhr" Sie meinen, dann fügen Sie entweder gabul iz-zuhur *(vormittags) oder* ba*ad iz-zuhur *(nachmittags) hinzu.*

sitta illā chamsa
sechs weniger fünf
fünf vor sechs / 18 Uhr

(Mz: sā*āt*)*
*(Mz:*daqāyiq*)*
*(Mz:*thawānī*)*

sā*a	Stunde; Uhr(zeit)
daqīqa	Minute
thāniya	Sekunde
rubu*	Viertel
thuluth	Drittel
biz-zabit	genau
nuss	halb
taqrīban	ungefähr

Wochentage

Der Irak gehört zur islamischen Welt. Arbeitsfreier Tag ist deshalb der Freitag, an dem alle öffentlichen Einrichtungen geschlossen sind. Die Woche beginnt am Samstag (yōm is-sabit) *und endet am Freitag* (yōm idsch-dschum*a).

schinū (i)l-yōm?
was der-Tag
Welcher Tag ist heute?

(yōm) ith-thnēn	Montag
(yōm) ith-thilāthā	Dienstag
(yōm) il-arba*ā	Mittwoch
(yōm) il-chamīs	Donnerstag
(yōm) idsch-dschum*a	Freitag
(yom) is-sabit	Samstag
(yōm) il-ahad	Sonntag

yōm (Mehrzahl: ayyām) kann auch weggelassen werden.

Monate

In den arabischen Ländern, ebenso im Irak, existieren zwei Zeitrechnungen: die islamische und die christliche. Der religiösen Orientierung entsprechend kommt entweder der einen oder der anderen die größere Bedeutung zu.

Im Irak ist der islamische Kalender vor allem auf den religiösen Bereich (Moschee usw.) beschränkt, wohingegen der christliche im Alltag und im Verkehr mit dem Ausland verwendet wird.

Islamische Monatsnamen

1. **il-muharram**
2. **safar**
3. **rabī* il-awwal**
4. **rabī* ith-thānī**
5. **dschumāda il-ūlā**
6. **dschumāda il-achīra**
7. **radschab**
8. **scha*bān**
9. **ramazān** (Fastenmonat)
10. **schawwāl**
11. **dhū il-qa*da**
12. **dhū il-hidscha** (Pilgermonat)

Dem islamischen Kalender liegt das Mondjahr (Umlauf des Mondes um die Erde) mit 354 Tagen zugrunde. Sie verteilen sich auf 12 Monate und „durchwandern" den christlichen Kalender rückwärts. Damit beginnt auch der Fastenmonat Ramadan jedes Jahr 11 Tage früher.

Für den christlichen Kalender sind im ostarabischen Raum (Irak, Jordanien, Libanon, Syrien) folgende Namen üblich:

kānūn ith-thānī	Januar
schubāt	Februar
ādhār	März
nīsān	April
ayyār	Mai
hizairān	Juni
tammūz	Juli
āb	August
aylūl	September
tischrīn il-awwal	Oktober
tischrīn ith-thānī	November
kānūn il-awwal	Dezember

Foto: Heiner Walther

Wegweiser

(yōm) il-arba*ā, arbata*āsch tammūz
Mittwoch, der 14. Juli

Noch einige ergänzende Ausdrücke:

yōm (Mz: **ayyām**)	Tag
isbū* (Mz: **asābī***)	Woche
schahar (Mz: **schuhūr**)	Monat
sana (Mz: **sinīn**)	Jahr
hais-sana	dieses Jahr
is-sana idsch-dschāya *der-Jahr der-kommend(w)*	nächstes Jahr
is-sana-il-māziya	voriges Jahr

Maße und Gewichte

Maße und Gewichte im Irak sind dieselben wie bei uns. Es gilt das metrische System.

grām / -āt	Gramm
metir / amtār	Meter
kīlū / -wāt	Kilogramm
kīlūmetir / kīlūmetrāt	Kilometer
litir / litrāt	Liter

biēsch ithnēn kīlū mōz?
wie-viel zwei Kilo Bananen
Wie viel kosten zwei Kilo Bananen?

malli chamsīn litir banzīn!
fülle ein(m) fünfzig Liter Benzin
Tanken Sie fünfzig Liter Benzin!

Foto: Heiner Walther

Kurz-Knigge

Im Irak bekennen sich etwa 95% der Bevölkerung zum Islam, davon mehr als die Hälfte zur schiitischen und die übrigen zur sunnitischen Richtung. Christen leben vor allem in Bagdad und in Mossul. Darüber hinaus gibt es u. a. Jesiden, Anhänger einer Mischreligion, die auch Elemente des Zoroastrismus enthält.

Freizügige Bekleidung, insbesondere bei Frauen, gilt als unschicklich. Lange Kleider, die die Oberarme und Knie bedecken, sind angebracht, vor allem bei Fahrten in den Süden des Landes. Denn dort lebt die schiitische Mehrheit. Shorts bei Männern sind ebenso unpassend, da sie als Unterwäsche gelten. Auch körperbetonende Kleidung sollte vermieden werden.

Beim **Fotografieren** ist es wichtig, behutsam vorzugehen, besonders, wenn es um Menschen geht. Fragen kostet nichts! Bettler und Betende sollten möglichst nicht, Militäranlagen (dieser Begriff wird im Irak sehr weit gefasst!) auf keinen Fall fotografiert werden.

Moscheen: Viele Moscheen im Irak dürfen auch von Nichtmuslimen betreten werden. Das trifft ebenso auf Grabstätten (qubūr) muslimischer Heiliger (walī; imām) und Friedhöfe (maqābir) zu. Achten Sie aber auf eine dem Charakter dieses Ortes angemessene Kleidung. Frauen müssen ein Kopftuch tragen. Unterhaltungen mit Muslimen, in denen Sie Kritik am Islam üben wollen, sollten Sie vermeiden!

Ramadan: Im Ramadan, dem islamischen Fastenmonat, dürfen Muslime von Sonnenaufgang bis Sonnenuntergang keine Speisen und Getränke zu sich nehmen und nicht rauchen. Unterlassen Sie es ebenfalls in der Öffentlichkeit, falls Sie in dieser Zeit durch den Irak reisen.

Alkohol: Das Trinken von Alkohol, obwohl das Wort arabischen Ursprungs ist (al-kuhl), ist Muslimen aus religiösen Gründen untersagt. Trunkenheit gilt als verwerflich. In Gaststätten, Restaurants und ähnlichen, der Öffentlichkeit zugänglichen Einrichtungen werden alkoholische Getränke nicht ausgeschenkt.

Zärtlichkeiten: Zärtlichkeiten in der Öffentlichkeit zwischen Mann und Frau sind unüblich. Mitunter sieht man junge (verheiratete!) Paare Hand in Hand gehen, vor allem in den Städten. Es ist lediglich eine Geste der Freundschaft, wenn Männer oder auch Frauen sich an der Hand halten.

Besuch: Wenn Sie zu Besuch eingeladen sind, sollten Sie dies auch tun. Einladungen werden normalerweise für abends ausgesprochen.

Geschenke erwartet man nicht, es sei denn, Sie können mit einem kleinen Mitbringsel aus Deutschland aufwarten. Sie werden schnell merken, dass Iraker sehr gastfreundlich sind. Es wird viel gegessen und erzählt, wobei oft die gesamte Familie, einschließlich Kindern, teilnimmt. Auch Verwandte kommen gern zu solchen Zusammenkünften.

Als Frau allein: Als ausländische Frau allein durch den Irak zu reisen, ist nicht üblich. Sollten Sie beispielsweise in Bagdad ein Taxi benutzen (müssen), setzen Sie sich grundsätzlich auf die hintere Sitzreihe. Zeigen Sie als Frau jederzeit Selbstbewusstsein und eine gewisse Distanz. Achten Sie aber vor allem auf angemessene Bekleidung. Falls Sie doch einmal belästigt werden, sind die folgendenWendungen hilfreich.

schitrīd minī?
was-du-willst von-mir
Was willst du von mir?

***ēb !**
Schande
Schäm dich!

Zu Kindern:

rū<u>h</u>, yā walad!
geh, oh Junge
Hau ab, Junge!

rū<u>h</u>ī, yā bint!
geh, oh Mädchen
Hau ab, Mädchen!

Gesten und Handzeichen: Gesten und Handzeichen werden im Irak häufiger und mit mehr Nachdruck als bei uns gebraucht. Sie weichen von den deutschen zum Teil stark ab. Nur ein Beispiel: Tippt man mit dem Zeigefinger an die Stirn und zeigt dabei auf Sie, dann müssen Sie nicht empört sein. Denn das heißt, dass Sie viel Verstand besitzen. Die folgenden Zeichnungen sollen Ihnen die häufigsten Handzeichen klarmachen:

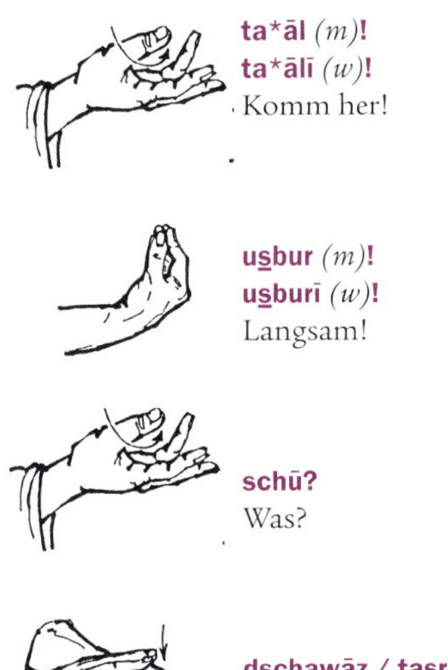

ta*āl *(m)***!**
ta*ālī *(w)***!**
Komm her!

u<u>s</u>bur *(m)***!**
u<u>s</u>burī *(w)***!**
Langsam!

schū?
Was?

dschawāz / ta<u>s</u>rī<u>h</u>
Pass / Bescheinigung

Begrüßen und Verabschieden

Die Begrüßung im Irak ist herzlich und überschwenglich. Dafür gibt es viele Grußformeln, die entsprechend dem Anlass und der Person verwendet und oft mehrfach wiederholt werden. Häufig wird Gott (al̲lāh) in den Gruß einbezogen. All dies gehört zu einem ausgeprägten Begrüßungsritual, das in der Achtung und dem Respekt gegenüber dem anderen begründet ist. Höflichkeit und Freundlichkeit sind für einen Iraker oberstes Gebot, selbst wenn er es eilig hat oder ihn Sorgen drücken. Niemals wird er/sie in einer Angelegenheit gleich „mit der Tür ins Haus fallen“. Darauf sollten auch Sie achten, wenn Sie mit Einheimischen ins Gespräch kommen.

Im richtigen Moment den richtigen Gruß zu wissen, ist wichtiger als ihn sofort exakt grammatikalisch zu formulieren. Werden Sie begrüßt, kennen aber nicht die erforderliche Erwiderung, kann durchaus schon das Wort schukran! (danke!) genügen. So gelten Sie nicht als unhöflich. Die folgende Grußform lässt sich in jeder Situation verwenden.

Mit einem Smartphone können Sie sich die mit einem 👂 gekennzeichneten Sätze dieses Kapitels anhören. Scannen Sie einfach den QR-Code mit Hilfe einer kostenlosen App (z. B. „Barcoo" oder „Scanlife").

	Antwort:
👂 **salāmu *alēkum!**	👂 **wu-*alēkum is-salām!**
Friede auf-euch	*und-auf-euch der-Friede*
Guten Tag!	Guten Tag!

Begrüßen und Verabschieden

Übrigens: Diese Grußformeln sind Teil der traditionellen islamischen Verhaltensnormen und zu jeder Tageszeit zu hören. Man legt dabei die rechte Hand auf die Brust und will somit die Verbundenheit mit dem oder der Gegrüßten zum Ausdruck bringen.

Betreten Sie ein Haus, eine Wohnung oder auch einen Laden, werden Sie begrüßt mit (oft mehrmals hintereinander):

ahlan wu-sahlan!
Familie und-Ebene
Herzlich willkommen!

Antwort:
ahlan bik / bikum!
Familie mit-dir (m)/mit-euch
Willkommen!

Ansonsten kann man fast bis zur Mittagszeit auch mit „Guten Morgen!" und ab etwa 17 Uhr mit „Guten Abend!" grüßen.

ṣabāḥ il-chēr!
Morgen der-Güte
Guten Morgen!

Antwort:
ṣabāḥ in-nūr!
Morgen der-Licht
Guten Morgen!

masā il-chēr!
Abend der-Güte
Guten Abend!

Antwort:
masā in-nūr!
Abend der- Licht
Guten Abend!

Bei Ankunft eines Gastes nach einer längeren Reise sagt man zu ihm:

ḥamdu lil-lāh *ala s-salāma!
Lob für-der-Gott auf der-Unversehrtheit
Gott sei Dank für die Unversehrtheit!

Bei der Begrüßung umarmen sich Verwandte, Bekannte oder Freunde gleichen Geschlechts, verbunden mit einem angedeuteten Kuss auf die rechte und linke Wange und schütteln sich die Hände. Kennt man sich weniger gut, wird nur die rechte Hand gereicht. Die linke gilt nach religiösem Verständnis als unrein. Fester Bestandteil einer jeden Begrüßung ist die Frage nach dem Befinden (ḫāl), der Gesundheit (ṣaḫḫa), der Familie (ahil) und eventuellen Neuigkeiten (achbār).

schlōnak?
was-Farbe-dein(m)
Wie geht es dir/Ihnen?

schlōnitsch?
was-Farbe-dein(w)
Wie geht es dir/Ihnen?

schlōn ṣaḫḫ(a)tak?
was Gesundheit-dein(m)
Was macht Ihre Gesundheit?

schlōn ah(i)lak?
was Familie-dein(m)
Wie geht es Ihrer Familie?

Die Antwort darauf lautet meist:

zēn, ḫamdu lil-lāh!
gut, Lob für-der-Gott
Gut, Gott sei Dank!

Geht es jemandem nicht besonders gut, sagt er nur (il-)ḫamdu lil-lāh! *Die Höflichkeit verbietet es, sofort das eigene schlechte Befinden zu erwähnen!*

Auch für die Verabschiedung kennen die Iraker zahlreiche Grußformen. Wer geht oder bleibt, sagt:

(zu jeder Zeit)

fī mānil-lāh!
in Sicherheit-der-Gott
Auf Wiedersehen!

tisbah *ala chēr!
du-eintrittst (m) auf Güte
Gute Nacht!

Als besonders höflich gilt es, wenn man auf tisbah *ala chēr! folgendermaßen antwortet:

wu-inta min ahil il-chēr!
und-du (m) von Familie der-Güte
Gute Nacht!

Dem Gehenden wird mitunter auch erwidert:

ma*a s-salāma!
mit der-Unversehrtheit
Auf Wiedersehen!

Fischer auf dem Euphrat bei Dschubayish

Foto: Stephan Rosiny

Irakische Namen

Das System der irakischen Namen, wie auch das in den anderen arabischen Ländern, unterscheidet sich völlig von dem bei uns gebräuchlichen. Jeder Name besteht aus einem Vornamen (isim) und normalerweise zwei Nachnamen, bei denen es sich um den Vornamen des Vaters (isim il-ab) und des Großvaters (isim il-dschidd) handelt.

Ein Familienname in unserem Sinne existiert nicht. Bei einer Heirat behält die Frau ihre Namen. Viele Namen haben einen religiösen Bezug und beginnen nicht selten mit *abd (Diener).

Die gebräuchlichsten Männernamen leiten sich von den drei Mitlauten h̲ - m - d *ab, deren Grundbedeutung „Allah loben, preisen" ist:* ah̲mad, h̲amīd, mah̲mūd, muh̲ammad. *Auch der Prophet hatte einen Namen mit diesen Mitlauten* (muh̲ammad). *Frauennamen sind ebenso häufig mit dem Islam verbunden, z. B.* fāt̲ima. *So hieß eine der Töchter des Propheten Mohammed.*

***abd al̲l̲āh**
Diener Allah
Abdallah

***abd il-lat̲if**
Diener der-Gütige
Abdellatif

***abd ir-rah̲mān**
Diener der-Barmherzige
Abderrahman

Viele Namen drücken Wünsche der Eltern für das Kind aus:

dschamīla	Schöne
hudā	Geschenk
raz̲wān	Zufriedenheit
lēt̲h̲	Löwe

Anrede

Der irakische Dialekt kennt, wie das Arabische allgemein, keine „Sie"-Form des Verbs. Selbst Fremde sprechen sich deshalb immer mit „du" an.

Auch die Art und Weise der Anrede ist anders als bei uns. Diese richtig zu verwenden, gehört zur Höflichkeit.

Wird eine Person angesprochen, beginnt man oft mit dem Wörtchen yā ...!

yā razwān!
oh Radwan
Radwan!

yā samīra!
oh Samira
Samira!

Im Irak ist es üblich, die Eltern mit dem Namen des ältesten Kindes anzureden, z. B.:

yā, abū nūr!
oh, Vater der-Nur (= Jungenname)
Abu Nur! („Vater von Nur")

hināk umm lēla.
dort Mutter der-Laila (= Mädchenname)
Dort ist Umm Layla. („Mutter von Laila")

Die Anrede als „Bruder" oder „Schwester" weist nur selten auf Verwandtschaftsbeziehungen hin, sondern ist religiösen Ursprungs und soll die Gleichheit aller Muslime vor Gott (allāh) zum Ausdruck bringen.

Kennt man den Namen nicht, oder auch in einer Unterhaltung, heißt es: yā *ēnī! (oh mein Auge!) Diese Anrede ist herzlich gemeint und typisch für Irak.

yā achī!
oh Bruder-mein
mein Bruder!

yā uchtī!
oh Schwester-mein
meine Schwester!

Im Basar von Bagdad

Da die Pilgerfahrt nach Mekka zu den Pflichten eines Muslims gehört, spricht man ältere Menschen gern so an:

yā hādsch!	**yā hādscha!**
oh Mekkapilger	*oh Mekkapilgerin*
Ehrwürdiger alter Mann!	Ehrwürdige alte Frau!

Zu Kindern sagt man, mitunter auch dann, wenn man sie zurechtweisen will:

yā walad!	**yā bint!**
oh Junge	*oh Mädchen*
Junge!	Mädchen!

Weitere Anredeformen:

yā mister!	*oh Mister*	mein Herr!	*für Ausländer*
yā madām!	*oh Madame*	meine Dame!	*für Ausländerinnen*
yā ustādh!	*oh Professor*	Herr Professor!	*für gebildeten Mann*
yā schabāb!	*oh Jugend*	Jungs!	*für junge Leute*

Bitten, Danken, Wünschen

Das auffordernde „bitte!“ im Sinne von „Bitte, tun Sie …!“ heißt min fazlak *(m)* bzw. min fazlitsch *(w)*. Es kann am Anfang oder auch am Ende des Satzes stehen.

min fazlak dschīb tschāi!
von Güte-dein(m) bringe Tee
Bitte bringen Sie einen Tee!

gul-lī min fazlak …!
sage (m)-für-mich von Güte-dein(m)
Sagen Sie mir bitte, …!

Noch höflicher ist es, jemanden mit lau samaht *(m)* / lau samahtī *(w)* um etwas zu bitten:

il-hisāb lau samaht!
der-Rechnung, wenn gestattet-hast-du (m)
Die Rechnung, bitte!

Mit einem Smartphone können Sie sich die mit einem gekennzeichneten Sätze dieses Kapitels anhören.

Für „bitte!” als Gewährung („Bitte, nehmen Sie …!) sagt man:

tafazzal / tafazzalī / tafazzalū
habe die Güte (m/w) / habt die Güte(Mz)
Bitte!

tafazzal il-hisāb!
habe die Güte(m) der-Rechnung
(Hier) bitte, die Rechnung!

tafazzalū uq*udū!
habt die Güte(Mz) setzt-euch (Mz)
Bitte, setzen Sie sich!

Wenn Sie jemanden bitten wollen, Ihnen einen Gefallen zu tun oder eine Auskunft zu erteilen, zum Beispiel den Weg zu erklären oder ähnliches, dann sagen Sie:

lau samaht / samahtī / samahtū ...!
wenn gestattet-hast-du (m/w) / ... habt ihr (Mz)
Bitte ...!

lau samaht, wēn is-sūg?
wenn gestattet-hast-du (m) wo der-Markt
Bitte, wo ist der Basar?

Danken

Die Antwort „danke!“ heißt schukran! oder noch höflicher:

schukran dschazīlan!
Dank vielen
Vielen Dank!

aschkurak hawāya!
ich-danke-dir (m) viel
Ich danke dir / Ihnen vielmals!

Auf schukran! usw. wird oftmals auch mamnūn! *(m)* / mamnūna *(w)* / mamnūnīn! *(m, Mz)* „Gern geschehen!“ erwidert.

Das erste Gespräch

Bei einer Begegnung mit Irakern und der sich anschließenden Unterhaltung werden natürlich bestimmte Fragen gestellt, sei es aus Höflichkeit oder eben aus Neugierde. Das folgende Muster soll helfen, von Anfang an „mitreden" zu können.

marhaba!
willkommen
Hallo!

ahlan bik, schlōnak / schlōnitsch?
Familie mit-dir (m), was-Farbe-dein (m) / (w)
Hallo! Wie geht es Ihnen?

zēn, il-hamdu lil-lāh, wu-inta / inti?
gut, der-Lob für-der-Gott und-du (m/w)
Gut, Gott sei Dank! Und Ihnen?

āni hamm zēn.
ich auch gut
Mir geht es auch gut.

tafazzal uq*ud / tafazzalī uq*udī!
habe die Güte (m/w), setze dich (m/w)
Bitte nehmen Sie Platz!

schukran!
Dank
Danke!

allāh bil-chēr! tischrab / tischrabī tschāi?
der-Gott mit-der-Güte. du-trinkst (m/w) Tee
Gott sei Ihnen gütig! Trinken Sie einen Tee?

allāh bil-chēr! *ist eine Höflichkeitsfloskel, die zu jedem gesagt wird, der sich (gerade) hingesetzt hat.*

balī, tschāi wīya schakar, lau samaht.
ja, Tee mit Zucker, wenn gestattet-hast-du (m)
Ja, Tee mit Zucker, bitte.

minēn inta / inti?
von-wo du (m/w)
Woher sind Sie?

āni min almāniya.
ich von Deutschland
Ich bin aus Deutschland.

āni almānī / almānīya.
ich Deutscher / Deutsche
Ich bin Deutscher / Deutsche.

Deutschland	**almāniya**
Deutscher	**almānī**
Deutsche	**almānīya**
deutsch	**almān**
Österreich	**in-nimsa**
Österreicher	**nimsāwī**
Österreicherin	**nimsāwīya**
österreichisch	**nimsāwīyīn**
Schweiz	**swisra**
Schweizer	**swisrī**
Schweizerin	**swisrīya**
schweizerisch	**swisrīyīn**

Mit einem Smartphone können Sie sich die mit einem gekennzeichneten Sätze dieses Kapitels anhören.

inta sāyiẖ? / inti sāyiẖa?
du (m) Tourist / du (w) Touristin
Sind Sie Tourist(in)?

na*am, āni sāyiẖ / sāyiẖa.
Ja, ich Tourist / Touristin
Ja, ich bin Tourist(in).

schismak?
was-Name-dein (m)
Wie heißen Sie (m)?

schismitsch?
was-Name-dein (w)
Wie heißen Sie (w)?

ismī ...
Name-mein ...
Ich heiße ...

schinū schughlak?
was Arbeit-dein (m)
Was arbeiten Sie?(m)

schinū schughlitsch?
was Arbeit-dein (w)
Was arbeiten Sie?(w)

āni ...
ich ...
Ich bin ...

muwaẕẕaf / -a (m/w)	Angestellte(r), Beamte(r)
***āmil / -a** (m/w)	Arbeiter(in)
tabīb-a (m/w)	Arzt / Ärztin
fallāẖ / -a (m/w)	Bauer / Bäuerin
chabīr / -a (m/w)	Experte (in)
muhandis / -a (m/w)	Ingenieur(in)
s̱uẖufī / -ya (m/w)	Journalist(in)

mudarris, mu*allim / -a	Lehrer(in) (m/w)
mutaqā*id / -a (m/w)	Rentner(in)
t̲ālib / -a (m/w)	Student(in)

schgad *umrak / *umritsch?
wie-viel Alter-dein (m/w)
Wie alt sind Sie?

***umrī arba*īn sana.**
Alter-mein vierzig Jahr
Ich bin vierzig Jahre alt.

tafazzal, chuth / tafazzalī chudhī dschigāra!
habe die Güte (m/w), nimm (m/w) Zigarette
Bitte, nehmen Sie eine Zigarette!

schukran, mā adachchin.
Dank, nicht ich-rauche
Danke, ich rauche nicht.

tschāi thānī?
Tee zweiter
Noch einen Tee?

lā, schukran, bil-marra ith-thāniya.
nein, Dank, in-der-Mal der-zweite
Nein, danke, ein anderes Mal.

in schā allāh ... fī mānil-lāh!
o wollte-er der-Gott ... in Sicherheit-der-Gott
So Gott will ... Auf Wiedersehen!

Bei einem solchen ersten Gespräch wird man Sie sicherlich auch nach Ihrer Familie und Ihren Eindrücken im Irak fragen. Das ist üblich und gehört zur Höflichkeit der Iraker, die mit einer gewissen Neugierde verbunden ist. Sie sollten sich deshalb die folgenden Ausdrücke merken, Sie werden sie sicherlich öfter hören.

inta mitzawwidsch / inti mitzawwidscha?
du verheiratet (m/w)
Sind Sie verheiratet?

balī, āni mitzawwidsch / mitzawwidscha.
ja, ich verheiratet (m/w)
Ja, ich bin verheiratet.

lā, āni mū mitzawwidsch / mitzawwidscha.
nein, ich nicht verheiratet (m/w)
Nein, ich bin nicht verheiratet.

***indak / *inditsch wulid?**
bei-dir (m/w) Kinder
Haben Sie Kinder?

balī, *indī walad wu-bint.
ja, bei-mir Junge und-Mädchen
Ja, ich habe einen Sohn und eine Tochter.

wēn ahlak / ahlitsch?
wo Familie-dein (m/w)
Wo ist Ihre Familie?

ahlī bi-almāniya.
Familie-mein in-Deutschland
Meine Familie ist in Deutschland.

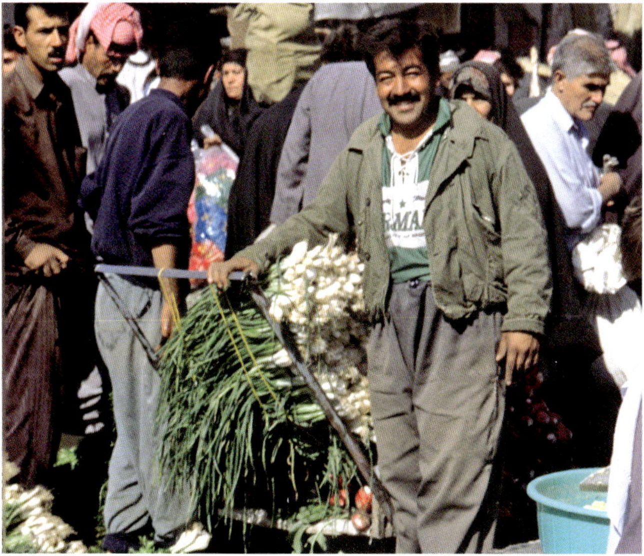

Gemüseverkäufer in Mossul

wēn zōdschtak? / zōdschtitsch?
wo Ehefrau-dein / Ehemann-dein
Wo ist Ihre Frau / Ihr Mann?

hiyya / huwwa bil-utēl.
sie / er in-der-Hotel
Sie / Er ist im Hotel.

il-*irāq zēn.
der-Irak gut
Es ist schön im Irak.

schlōn il-*irāq?
wie der-Irak
Wie gefällt es Ihnen im Irak?

in-nās ṯayyibīn kullisch.
der-Menschen gute (Mz) sehr
Die Menschen sind sehr nett.

Floskeln und Redewendungen

Ausrufe: Bewunderung und Erstaunen

Diese Ausrufe sind religiöser Herkunft und inzwischen zu festen Redewendungen geworden.

allāhu akbar!
der-Gott größter
Gott ist allmächtig!

yā allāh!
oh der-Gott
Du lieber Gott!

mā schā allāh!
was wollte-er der-Gott
Nein so etwas!

a*ūdhu bil-lāh!
ich-suche-Schutz bei-der-Gott
Um Gottes willen!

Der nachfolgende Ausruf gehört zu den am häufigsten verwendeten; beispielsweise bei Antritt einer Reise und vor dem Essen, vor allem aber bei allen religiösen Handlungen.

bismil-lāh ir-rahmān ir-rahīm!
im-Name der-Gott der-Allmächtige der-Barmherzige
Im Namen Gottes, des Allmächtigen und Barmherzigen!

Mitunter hört man nur eine Kurzform:

bismil-lāh!
im-Name der-Gott
Im Namen Gottes!

sich entschuldigen

il-*afwu!	Entschuldigen Sie!
die-Entschuldigung	
āni mit'assif!	Es tut mir *(m)* leid!
ich bedauernd (m)	
āni mit'assifa!	Es tut mir *(w)* leid!
ich bedauernd (w)	
Antwort: **mā yichālif!**	Halb so schlimm!
nicht er-widerspricht	

Zustimmen und Ablehnen

balī! / na*am! / 'īh!	Ja!
lā!	Nein!

Insbesondere bei Zustimmungen hört man oft: in schā allāh! *(So Gott will!) Nach islamischem Verständnis liegt das Schicksal des Menschen allein in Gottes Hand. Nur er entscheidet, ob etwas geschieht oder nicht. Diese Floskel wird deshalb meist als „vielleicht" verstanden. Sie kann aber genauso auch „hoffentlich" oder „warum nicht?!" bedeuten.*

Zur Bekräftigung können sowohl balī als auch lā wiederholt werden:

balī, balī!	Ja doch!
lā, lā!	Auf keinen Fall!

āni (mū) muwāfiq / muwāfiqa.
ich (nicht) einverstanden (m/w)
Ich bin (nicht) einverstanden.

na*am, *indak / *inditsch haqq.
ja, bei-dir (m/w) Recht
Ja, Sie haben recht.

kull schī māschi!
alle Sache gehend
Alles in Ordnung!

(mū) mitfāhimīn!
(nicht) wir-verstehende-einander
Wir verstehen uns (nicht)!

(mā) arīd.
(nicht) ich-will
Ich will / möchte (nicht).

(mū) mumkin!
(nicht) möglich
Das ist (nicht) möglich!

mustaḫīl!
unmöglich
Völlig unmöglich!

Überrascht sein

***adschīb!**
merkwürdig
Das ist aber merkwürdig!

āni mit*adschib / mit*adschiba!
ich überraschend (m/w)
Ich bin überrascht!

mū ma*qūl!
nicht begreiflich
Das ist doch nicht möglich!

Unterwegs

... zu Fuß

Wer Bagdad, Mossul oder irgendeine andere Stadt des Landes zu Fuß erkundet, wird die Menschen viel besser kennenlernen. Die schmalen Gassen der alten Basarviertel (irakisch: sūg) erlauben ohnehin kein Durchkommen mit dem Auto. Auch im Irak, wie überall im Orient, spielt sich das tägliche Leben zu einem großen Teil außerhalb des Hauses ab.

Bleiben Sie ruhig auch mal stehen, wenn Sie etwas Interessantes sehen und beobachten wollen. Aber denken Sie daran, niemals zu neugierig oder gar aufdringlich zu sein!

lau samaht, wēn is-sūg?
wenn gestattet-hast-du (m), wo der-Markt
Entschuldigen Sie (bitte), wo ist der Basar?

rūh / imschī gubal wu-ba*dēn *al yasār.
gehe (m/w) geradeaus und-dann auf links
Gehen Sie geradeaus und dann nach links.

il-mathaf il-watanī ba*īd?
der-Museum der-national weit
Ist das Nationalmuseum weit?

lā, mū ba*īd.
nein, nicht weit
Nein, es ist nicht weit.

trūh / trūhīn gubal wu-ba*dēn *al yamīn.
du-gehst (m/w) geradeaus und-dann auf rechts
Sie gehen geradeaus und dann nach rechts.

gubal	geradeaus; vorn
***al yamīn**	nach rechts
***al yasār**	nach links
wara	hinten, dahinter
li-wara	zurück
schimāl	Norden
schimālī	nördlich
scharq	Osten
dschinūb	Süden
gharb	Westen

... mit dem Taxi

Taxis gibt es überall (gelbe Nummernschilder, Farbe rot-weiß). In den Städten sind es meist ältere Modelle, aber sie fahren. Taxis, die ihre Fahrgäste zwischen größeren Städten transportieren, befinden sich in gutem Zustand. Es ist ratsam, den Preis vor Beginn der Fahrt auszuhandeln.

Wenn Sie nicht gerade ein bekanntes Ziel ansteuern, wie z. B. die Saadoun-Straße in Bagdad, kann es passieren, dass der Fahrer sich nicht auskennt. Nennen Sie ihm dann den Stadtteil (isim il-hayy), *ein wichtiges Gebäude in der Nähe, usw.*

mahattat il-qitārat	Bahnhof
Haltestelle der-Züge	
sāyiq	Fahrer
matār	Flughafen
sāha	Platz
schāri*	Straße
taksi	Taxi

min fazlak, wassilnī li-utēl ir-raschīd.
von Güte-dein (m), bringe-mich zu-Hotel Rashid
Bringen Sie mich bitte zum Rashid-Hotel.

biēsch lil-utēl?
wie-viel zu der-Hotel
Wie viel kostet es bis zum Hotel?

āni musta*dschil / musta*dschila, rūh̲ bi-sur*a!
ich eilend (m/w), gehe mit-Schnelle
Ich bin in Eile, fahren Sie (bitte) schnell!

waggaf hināya, schukran!
halte hier, Dank
Halten Sie (bitte) hier, danke!

mit dem Bus

Insbesondere innerhalb Bagdads, aber auch in anderen Städten, verkehren öffentliche Busse, mit denen Sie preiswert an Ihr Ziel kommen. Buslinien existieren ebenso zwischen den großen Städten. Fahrpläne nach unserem Verständnis gibt es nicht. Wenn Sie eine Bustour beabsichtigen (wohin auch immer), sollten Sie sich rechtzeitig nach den Abfahrzeiten erkundigen.

nizal, yinzil	aussteigen
bās̲ / bās̲āt	Bus
mah̲at̲tat il-bās̲ *Haltestelle der-Bus*	Bushaltestelle
rikab, yirkab	einsteigen
bit̲āqa / bit̲āqāt	Fahrkarte
dschunat̲	Gepäck
dschunt̲a / dschunat̲	Koffer; Tasche
maq*ad / maqā*id	Sitzplatz

wēn mahattat il-bās?
wo Haltestelle der-Bus
Wo ist die Bushaltestelle?

il-bās yirūh li ... ?
der-Bus er-fährt zu ...
Fährt dieser Bus nach ...?

schwaqit yimschī il-bās?
was-Zeit er-geht der-Bus
Wann fährt der Bus?

yimschī thlātha wu-nuss.
er-geht drei und-halb
Er fährt um 15.30 Uhr.

biēsch il-bitāqa li-schachus wāhid li- ...?
wie-viel der-Karte für-Person eine nach ...
Wie viel kostet eine Person nach ...?

... mit dem Auto

Es wird viel gehupt und mitunter gedrängelt, dennoch fährt man rücksichtsvoll. In Bagdad sitzen auch Frauen am Steuer.

Wer im Irak mit dem Auto unterwegs ist, muss sich, wie auch in anderen arabischen Ländern, auf „orientalische Verhältnisse" einstellen. Eine Straßenverkehrsordnung in unserem Sinne existiert nicht. Jeder steuert sein Fahrzeug so, dass er „irgendwie" das Ziel erreicht.

machradsch	Ausfahrt / -gang
salansa	Auspuff
sayyāra / -āt	Auto

mikanikī	Automechaniker
banzīn (*ādī)	Benzin (normal)
stab /-āt	Bremse
dschisir / dschisūr	Brücke
gās	Diesel
madchal	Einfahrt / -gang
gēr	Gang (Auto)
munabbih	Hupe
radēter	Kühler
kletsch	Kupplung
yawāsch	langsam
filtir il-hawa	Luftfilter
matōr	Motor
tabdīl zēt	Ölwechsel
schurta	Polizei
wīl / -āt	Rad
tair / -āt	Reifen
glōb il-wara /-āt	Rücklicht
bi-sur*a	schnell
skūlsbana	Schraubenschlüssel
darnafis / -āt	Schraubenzieher
tānk	Tank (Benzin-)
banzīn mumtāz	Superbenzin
banzīnchāne	Tankstelle
hādith il-murūr	Unfall
trafig lait	Verkehrsampel
tāmīn	Versicherung
malyān	voll
fārugh	leer
glōb il-giddām	Vorderlicht
garādsch	Werkstatt
scham*a / schumū*	Zündkerze

wēn banzīnchāne?
wo Tankstelle
Wo ist eine Tankstelle?

malli it-tānk!
fülle der-Tank
Machen Sie den Tank voll!

is-sayyāra mal̲tī chirbāna / *āt̲la.
der-Auto Besitz-mein kaputt
Mein Auto ist defekt.

***indī bantschar.**
bei-mir Platten
Ich habe eine Reifenpanne.

is-stab mā yischtighil (zēn).
der-Bremse nicht arbeitet (gut)
Die Bremse funktioniert nicht (gut).

il-matōr chirbān schwayya.
der-Motor kaputt ein wenig
Mit dem Motor stimmt etwas nicht.

mumkin tisallih̲ is-sayyāra bi-sur*a?
möglich du-reparierst der-Auto in-Schnelle
Können Sie das Auto schnell reparieren?

hal-it̲-t̲arīq li- ...?
dieser-der-Weg nach ...
Ist das der Weg nach ...?

it̲-t̲arīq s̲a*b (schwayya)?
der-Weg schwer (ein wenig)
Ist der Weg (etwas) schwer befahrbar?

Übernachten

Hotels, die hinsichtlich Komfort und Service europäischem Standard entsprechen, gibt es nur in Bagdad und einigen anderen großen Städten. Ansonsten müssen Sie sich mit einfachen Unterkünften begnügen, auch wenn sie Hotel (utēl) genannt werden. Campen ist nicht üblich.

ghurfa fāẕiya ma*a frāsch wāḫid akū?
Zimmer frei(w) mit Bett eins es-gibt
Haben Sie ein Einzelzimmer frei?

ghurfa fāẕiya ma*a frāschēn akū?
Zimmer frei(w) mit Betten-zwei es-gibt
Haben Sie ein Doppelzimmer frei?

li-yōm wāḫid	für einen Tag	*für-Tag eins*
li-lēla wāḫida	für eine Nacht	*für-Nacht eins (w)*
li-yōmēn	für zwei Tage	*für-Tage-zwei*
li-thalāth ayām	für drei Tage	*für-drei Tage*
li-usbū*	für eine Woche	*für-Woche*

ma*a fuṯūr	mit Frühstück	*mit Frühstück*
ma*a ghada	mit Mittagessen	*mit Mittagessen*
ma*a *ascha	mit Abendessen	*mit Abendessen*

il-ghurfa biēsch?
der-Zimmer wie-viel
Wie viel kostet das Zimmer?

mumkin aschūf il-ghurfa?
möglich ich-sehe der-Zimmer
Kann ich das Zimmer sehen?

zēn, āchuth il-ghurfa.
gut, ich-nehme der-Zimmer
In Ordnung, ich nehme das Zimmer.

minfaza / manāfiz	Aschenbecher
hammām / -āt	Bad
mahdschūz	besetzt (Zimmer)
frāsch / frūsch	Bett
glōb / glōbāt	Glühbirne
battāniya	Decke
dūsch	Dusche
tābiq	Etage, Stockwerk
fāzī	frei (Zimmer)
chāulī / chawālī	Handtuch
utēl	Hotel
bārid	kalt
scham*a / schumū*	Kerze
machadda / -āt	Kopfkissen
matbach	Küche
tschartschaf / tscharātschif	(Bett-)Laken
lamba /-āt	Lampe
mat*am	Restaurant
miftāh / mafātīh	Schlüssel
sābūn	Seife
kahraba	Strom (elektr.)
kursī / karāsī	Stuhl
mēz / myūz	Tisch
warag tualit	Toilettenpapier

Essen und Trinken

Ob Sie nun in Bagdad oder irgendwo im Lande unterwegs sind, kleine Restaurants (maṯ*am) gibt es überall. In kürzester Zeit wird das Essen, stets sehr schmackhaft, serviert.

Wichtig: Trinken Sie kein Leitungswasser, das in Kannen auf dem Tisch steht, sondern nur Mineralwasser in Plastikflaschen (mai bil-buṯul).

Zum Schluss sollten Sie auf jeden Fall ein Glas Tee (stikān tschāi) probieren, das meist dem Teeservierer extra zu entrichten ist. Das Essen wird an der Kasse bezahlt.

Frühstück

Wer im Irak einer Tätigkeit nachgeht, frühstückt oft außer Haus, Frauen mitunter am Arbeitsplatz und Männer in einem der kleinen Restaurants. Gewöhnlich wird nur eine Kleinigkeit (warm) gegessen. Zum Abschluss darf natürlich der Tee nicht fehlen.

Wollen Sie auf ein europäisches Frühstück nicht verzichten, müssen Sie sich in eines der großen Hotels begeben.

chubuz	Brot(fladen)
sammūn	Brötchen
zubud	Butter
bēẕ	Eier
bēẕ maslūq	gekochte Eier

***asal**	Honig
gahwa	Kaffee
dschibin	Käse
murabba	Marmelade
omlet	Omelett
bēẕ maqlī	Spiegeleier
tschāi	Tee
schakar	Zucker

Irakische Spezialitäten

kubba mas̱lawīya	Fleischgericht
qūzī *ala timman	Lamm mit Reis
fās̱ūliya yābisa	Bohnensuppe
gas̱	Reis mit Fleisch
tikka	Schaschlik
kebāb	Kebab
mi*tāg	Leber am Spieß
doḻma	Dolma
masgūf	gegrillter Flussfisch
tischrīb	Suppe mit Brot und Hühnerfleisch
margat bāmiya	Okraschotensuppe
ṯurschī	eingelegte Gurken
margat ṯurschāna	Trockenobstsuppe
muẖallabī	Pudding
liban	Joghurt (Getränk)

Weitere Speisen und Zutaten

badhindschān	Aubergine
fūl	Bohnen
dadschādsch	Brathähnchen
schorba	Brühe
simitsch	Fisch
lahm	Fleisch
chudra	Gemüse
chiyār	Gurken
lahm *idschil	Kalbfleisch
Fleisch Rind	
putēta	Kartoffeln
thūm	Knoblauch
lahm qūzī	Lammfleisch
Fleisch Lamm	
bāmiya	Okraschoten
zetūn	Oliven
timman	Reis
salata	Salat
sbagetti	Spaghetti
tamātis	Tomaten
busal	Zwiebeln

Getränke

Im Irak wird vorwiegend (schwarzer) Tee (tschāi) getrunken, entweder nach den Mahlzeiten oder zwischendurch in den zahlreichen Teestuben (siehe dazu auch das Kapitel „Tee zu jeder Gelegenheit“).

tischrab / tischrabī tschāi?
du-trinkst (m/w) Tee
Trinken Sie Tee?

In den Hotels wird auch löslicher Kaffee (gahwa / koffi) *angeboten.*

ma*a schakar / bidūn schakar
mit Zucker / ohne Zucker
mit Zucker / ohne Zucker

***araq**	Arak (Dattelschnaps)
bīra	Bier
scharāb	Wein
halīb	Milch
pepsi	(Pepsi)Cola
***asīr**	Saft
mai	Wasser

Obst

ananas	Ananas
tuffāh	Äpfel
mōz	Bananen
tamur	Datteln
rummān	Granatäpfel
nūmī basra	Limonen
***amba**	Mango
burtuqāl	Orangen
mischmisch	Pfirsiche
***anab**	(Wein)Trauben
raqqi	Wassermelonen
lēmūn	Zitronen
battīch	Zuckermelonen

Im Restaurant

In den Städten, besonders in Bagdad, gehen Familien auch in den zahlreichen Restaurants (maṯ*am) essen, manchmal zu Mittag, meist jedoch abends.

In vielen Restaurants gibt es keine Speisekarten. Man ruft den Oberkellner yā garsōn, fragt, was vorhanden ist und bestellt. Innerhalb weniger Minuten steht das Essen auf dem Tisch. Trinkgeld (ikrāmiya) ist üblich und wird dem Oberkellner überreicht, der es verteilt. Die Bezahlung des Essens erfolgt oft an der Kasse.

Wie in vielen anderen arabischen Ländern trifft man auch im Irak in den Restaurants und Teestuben (tschāi chāne) *vor allem Männer. Jugendliche bevorzugen Snackbars mit preiswerten Schnellgerichten.*

schitrīd tākul?
was-du-willst (m) du-isst
Was möchten Sie essen?

schitrīd tischrab?
was-du-willst (m) du-trinkst
Was möchten Sie trinken?

akū ...?
es-gibt ...
Haben Sie ...?

Gemüsestand in Basra

Foto: Stephan Rosiny

dschīb buṯul mai, min faẕlak!
bringe Flasche Wasser, von Güte-dein (m)
Bringen Sie bitte eine Flasche Wasser!

arīd timman ma*a laḩm qūzī wa-chuḏra.
ich-möchte Reis mit Fleisch Lamm und-Gemüse
Ich möchte Reis mit Lammfleisch u. Gemüse.

dschīb iṯhnēn tschāi,
wāḩid qalīl (bidūn) schakar.
bringe zwei Tee, eins wenig (ohne) Zucker
Bringen Sie zwei Tee,
einen mit wenig (ohne) Zucker.

āni dschau*ān. Ich *(m)* bin hungrig.
āni dschau*āna. Ich *(w)* bin hungrig.

āni *aṯschān. Ich *(m)* bin durstig.
āni *aṯschāna. Ich *(w)* bin durstig.

Iraker antworten auf die Frage, ob es ihnen geschmeckt hat, meist mit il-ḩamdu lil-lāh! *(Lob sei Gott!).*

il-akil zēn / mumtāz.
der-Essen gut / ausgezeichnet
Das Essen schmeckt gut / ausgezeichnet.

il-akil bārid / ḩārr / māliḩ.
der-Essen kalt / scharf / salzig
Das Essen ist lauwarm / scharf / salzig.

Auch im Restaurant eines Hotels wird oft an der Kasse bezahlt. Trinkgeld geben Sie dem Kellner, der Sie bedient hat.

Beim Bezahlen an der Kasse fragen Sie:

biēsch il-akil?
wie-viel der-Essen
Wie viel kostet das Essen?

Weitere nützliche Wörter:

wa s̱s̱a, yiwa s̱s̱i	bestellen
difa*, yidfa*	bezahlen
maẖdschūz	besetzt (Sitzplatz)
akal, yākul	essen
fāẕi	frei (Sitzplatz)
tschaṯal / -āt	Gabel
glās̱ / -āt	Glas
chāschūga/chawāschig	Löffel
sitschtschīn/satschātschīn	Messer
āni schab*ān *(m)* / **-a** *(w)*	ich bin satt
ẖisāb	Rechnung
kūb / -āt	Tasse
ikrāmiya	Trinkgeld
***ascha**	Abendessen
murr	bitter
chall	Essig
maqlī	fritiert
fuṯūr	Frühstück
maschwī	gebraten
maṯbūch	gekocht
tawābil	Gewürze
ghada	Mittagessen
zētūn	Oliven
zēt	Öl
filfil	Pfeffer
milẖ	Salz
māliẖ	salzig
ẖāmuẕ	sauer
ẖārr	scharf; heiß
ẖilū	süß

Zu Gast sein

Über ein kleines Geschenk (auf keinen Fall Alkohol und auch nicht unbedingt Blumen) freuen sich die Kinder bzw. die gesamte Familie, insbesondere wenn es aus Ihrer Heimat kommt.

Zur Begrüßung und auch bei der Verabschiedung küsst man sich als Zeichen herzlicher Verbundenheit leicht auf die Wangen (nur unter Männern bzw. unter Frauen).

Im Irak ist die Familie die Grundlage des sozialen Lebens. Durch sie werden alle wichtigen Angelegenheiten diskutiert und die notwendigen Entscheidungen getroffen. Oft wohnen mehrere Generationen unter einem Dach, vor allem auf dem Lande.

Zurückgezogenheit oder gar Egoismus ist Irakern fremd. Verwandten und Freunden in Notlagen zu helfen, ist selbstverständlich.

Gastfreundschaft, auch gegenüber Fremden, bildet einen grundlegenden Bestandteil der irakischen Traditionen. Für jede Familie ist es daher eine große Ehre, einen Gast aus einem fremden Kulturkreis einzuladen. Allerdings sollten Sie einer Einladung nicht gleich Folge leisten. Mitunter ist es eher als höfliche Geste zu verstehen. Sie würden Ihre Gastgeber in arge Verlegenheit bringen, wenn Sie „urplötzlich“ vor der Tür stehen. Erst wenn ein fester Termin vereinbart wird, ist die Einladung ernst gemeint.

Schätzen Sie sich glücklich, dass Sie die Möglichkeit haben, einen Einblick in eine irakische Familie zu erhalten. Begrüßen Sie zuerst den Gastgeber, der Sie empfängt und ins Haus bittet. Manchmal werden Ihnen (als Mann) auch die weiblichen Familienmitglieder vorgestellt.

is-salāmu *alēkum, tafazzal!
der-Frieden über-euch, bitte(m)
Seien Sie gegrüßt, treten Sie bitte ein!

Mit einem Smartphone können Sie sich die mit einem gekennzeichneten Sätze dieses Kapitels anhören.

ahlan wu-sahlan!
Herzlich willkommen!

schlōnak?
wie-Farbe-dein(m)
Wie geht es Ihnen?

Antwort:

zēn, il-hamdu lil-lāh!
gut, der-Lob für-Gott
Danke, gut!

So könnte das Gespräch weitergehen:

dschibit hadiya basīta min almāniya.
brachte-ich Geschenk einfaches von Deutschland
Ich habe ein kleines Geschenk
aus Deutschland mitgebracht.

tafazzal, ug*ud!
bitte, setze dich
Bitte, nehmen Sie Platz!

Wenn Sie sich hinsetzen, wird man Ihnen zurufen: allāh bil-chēr! *(Gott mit Güte, etwa: Möge Ihnen Gott seine Güte schenken!). Wünschen Sie dies auch Ihren Gastgebern.*

schitrīd tischrab, mai au *asīr?
was-du-willst du-trinkst Wasser oder Saft
Was möchten Sie trinken, Wasser oder Saft?

***asīr burtuqāl, min fazlak.**
Saft Orangen von Güte-dein(m)
Orangensaft, bitte.

Zu Gast sein

In einem irakischen Haus sind stets viele Menschen anzutreffen, die dem Gast gern vorgestellt werden:

hādha wālidī wu-hādhī ummī.
dieser Vater-mein und-diese Mutter-mein
Das ist mein Vater und das meine Mutter.

Einladungen werden üblicherweise für abends ausgesprochen und sind mit einem üppigen Essen verbunden (siehe auch: „Essen und Trinken"). Sowohl vor als auch während des Essens wird viel geredet, über Themen ohne Ende.

***arūs**	Braut
***irrīs**	Bräutigam
ach / uchwān	Bruder
achūya	mein Bruder
ibin *amm *Sohn Onkel*	Cousin
bint *amm *Tochter Onkel*	Cousine
zōdscha	Ehefrau
zōdsch	Ehemann
dschidda	Großmutter
dschidd	Großvater
walad / wulid	Junge
ṯifil / aṯfāl	Kind
wālida; umm	Mutter
dschār / dschīrān	Nachbar
dschāra / dschārāt	Nachbarin
***amm**	Onkel (väterl.)
chāl	Onkel (mütterl.)
uchut / chawāt	Schwester
ibin / abnā	Sohn
***amma**	Tante (väterl.)
chāla	Tante (mütterl.)
bint / banāt	Tochter, Mädchen
wālid; ab	Vater

Verabschiedung:

fī mānil-lāh!
in Sicherheit-der-Gott
Auf Wiedersehen!

Antwort:

ma*a s-salāma!
mit der-Unversehrtheit
Auf Wiedersehen!

Weitere nützliche Wendungen zu diesem Thema finden Sie außerdem in den Kapiteln „Begrüßen und Verabschieden", „Das erste Gespräch" sowie „Floskeln und Redewendungen".

Bauernfamilie im Nordirak

Foto: Heiner Walther

Tee zu jeder Gelegenheit!

Eine Spezialität ist hāmuz, was eigentlich „sauer“ heißt. Gemeint ist damit ein heißes Getränk, das aus Limonen (nūmī basra) und viel Zucker zubereitet wird und vor allem an heißen Tagen sehr bekömmlich ist.

Tee – tschāi – ist das Lieblingsgetränk der Iraker. Ob nun im Basar von Bagdad, in den Dörfern oder unterwegs an den Fernstraßen: Überall sieht man Menschen Tee trinken. Dementsprechend groß ist die Zahl der Teestuben (tschāi chāne). Getrunken wird Tee aus kleinen Gläsern (istikān) und mit viel Zucker, mitunter durch Kardamom (hēl) verfeinert, vor allem wenn er zu Hause zubereitet wird. Manchmal wird er nur zwischendurch genossen, gewissermaßen zur Entspannung und Unterhaltung zugleich. Oft raucht man dabei Wasserpfeife (nargīla) und tauscht Neuigkeiten aus. Dann wieder bildet er den Abschluss der Mahlzeiten. In jedem Fall ist er eine Geste der Gastfreundschaft. Deshalb sollten Sie auch ruhig den Tee zu sich nehmen, wenn Sie ihn im Basar von einem Händler angeboten bekommen. Sie können wunderbar plaudern, sind jedoch keineswegs zum Kauf verpflichtet.

Kaffee Schabandar, Bagdad

Foto: Stephan Rosiny

Religion

Im Irak bekennen sich ca. 95% zum Islam, davon sind mehr als die Hälfte Schiiten. Christen leben in Bagdad und im Norden des Landes. Insbesondere für die schiitischen Muslime, zunehmend auch bei Sunniten, ist die Religion das verbindliche Vorbild im täglichen Leben.

Gott (a<u>ll</u>āh) wird während des Gespräches häufig genannt. Als Schöpfer alles Irdischen bestimmt er deshalb das Wohl und Wehe der Menschen.

Moscheen können auch von Nichtmuslimen besucht werden. In jedem Fall ist auf angemessene Kleidung zu achten!

<u>s</u>allā, yi<u>s</u>allī	beten
(kitāb) indschīl	Bibel
Buch Evangelium	
nu<u>s</u>rānī/na<u>s</u>āra	Christ
(il-)masī<u>h</u>īya	Christentum
maqbara/maqābir	Friedhof; Grab
<u>s</u>alāt	Gebet
mimbar	Gebetskanzel
mi<u>h</u>rāb	Gebetsnische
qibla	Gebetsrichtung
mu'min/-a	Gläubige(r)
islāmī	islamisch
umma islāmīya	islam. Gemeinschaft
scharī*a	islam. Recht
***īsā**	Jesus
yihūdī/-ya	Jude/Jüdin, jüdisch

yihūd *(Mz)*	Juden
(il-)yihūdīya	Judentum
il-qur'ān (il-karīm)	Koran
mināra/-āt	Minarett
masdschid/masādschid	Moschee
dschāmi*/dschawāmi*	(Freitags-)Moschee
al̲lāh	Gott, Allah
qabar walī/imām	Heiligengrab
rabb	Herr, Gott
mu'azzin	Muezzin
imām	Imam
islām	Islam
mu'azzin	Muezzin
muslim/-īn	Muslim
muslima/-āt	Muslimin
nabī	Prophet
dīn	Religion

Der von Muslimen am meisten gebrauchte religiöse Satz lautet:

Während mit bismi-l-lāh ir-rah̲mān ir-rahīm! *das Gebet begonnen wird, findet die Kurzform* bismi-l-lāh *mehr im Alltagsleben Verwendung. Sie wird bei Beginn einer Reise, des Essens, einer Tätigkeit usw. ausgesprochen, um damit den Segen Gottes zu erhalten.*

bismi-l-lāh ir-rah̲mān ir-rah̲īm!
in-der-Name der-Gott der-Erbarmer der-Barmherzige
Im Namen Gottes, des Erbarmers und Barmherzigen!

Oft hört man nur die Kurzform:
bismi-l-lāh.

schinū isim (schisim) hādha l-dschāmi*?
was Name dieser der-Moschee
Wie heißt diese Moschee?

Moschee in Bagdad

hādha dschāmi* abū ḫanīfa.
dieser Moschee Abu Hanifa
Das ist die Abu-Hanifa-Moschee.

mumkin id-duchūl?
möglich der-Eintritt
Darf man hineingehen?

lā, masmūḫ lil-muslimīn bass.
nein, erlaubt für-der-Muslime nur
Nein, das ist nur Muslimen erlaubt.

inta muslim? / **inti muslima?**
du (m) Muslim / *du (w) Muslimin*
Sind Sie Muslim? / Sind Sie Muslimin?

lā, āni nuṣrānī. / **lā, āni nuṣrānīya.**
nein, ich Christ (m) / *nein, ich Christ (w)*
Nein, ich bin Christ. / Nein, ich bin Christin.

Kaufen und Handeln

Das Marktleben in den alten Vierteln von Bagdad zu beobachten, gehört zweifelsohne zu den eindrucksvollsten Erlebnissen einer Irakreise. Wer den Markt (sūg) an der madrasat il-mustanṣirīya, der berühmten Lehrstätte aus dem 13. Jahrhundert, betritt, ist fasziniert vom bunten Treiben in den schmalen, überdachten Gassen.

Bei Nahrungsmitteln, auch den beliebten, gern gekauften Gewürzen (sūg it-tawābil), *in Supermärkten, in Buch- und Schreibwarenläden bestehen Festpreise* (si*r thābit).

Begehrt bei Touristen ist vor allem der Kupfermarkt (sūg iṣ-ṣafāfīr), auf dem auch Teppiche erhältlich sind. Dort können Sie nach Lust und Laune handeln. Aber lassen Sie sich Zeit (Trinken Sie den angebotenen Tee!), bevor Sie etwas kaufen und bezahlen Sie keinesfalls den anfangs genannten Preis.

lau samaht, rāwīnī ...!
wenn gestattet hast-du (m), zeige-mir ...
Bitte zeigen Sie mir ...!

***indak ghēruh / ghēr lōn / ghēr schakil?**
bei-dir (m) anders-als-ihm / anders Farbe / anders Art
Haben Sie noch etwas anderes / eine andere Farbe / eine andere Art?

biēsch hādha?
wie-viel dieser
Wie viel kostet das?

alfēn wu-chamis-mīya dinār.
zweitausendfünfhundert Dinar
Zweitausendfünfhundert Dinar.

ghālī kullisch, nazzil min is-si*r schwayya!
teuer sehr, senke von der-Preis ein wenig
Das ist zu teuer, gehen Sie ein wenig mit dem Preis herunter!

mā yichālif, chudhuh / chudhīh bi- alfēn (dinār)!
nicht er-steht im Widerspruch, nimm (m/w)-ihn mit zweitausend (Dinar)
Einverstanden, nehmen Sie es für zweitausend (Dinar)!

Anmerkung: bi- *(in; mit; durch) bedeutet im Zusammenhang mit Preisangaben „für (soundsoviel Dinar)“.*

Oder aber Sie kaufen nichts:

mā arīd aschtarī schī.
nicht ich-will ich-kaufe eine Sache
Ich möchte nichts kaufen.

aschūf / atfarradsch / abāwi* bass.
ich-schaue nur
Ich sehe mich nur um.

Nach erfolgreichem Einkauf wird Sie der Händler beglückwünschen.

(alif) mabrūk / -a!
(tausend) gratuliert (m/w)
Herzlichen Glückwunsch!

Antwort:

allāh yibārik fīk!
Gott er-segnet in-dich (m)
Vielen Dank!

libas, yilbas	anprobieren; anziehen
sāhib	(Laden-)Besitzer
difa*, yidfa*	bezahlen
rachīs	billig, preiswert
nazzal, yinazzil	ermäßigen (Preis)
mulawwan	farbig
flūs	Geld
dukkān/dakākīn	Geschäft, Laden
mathūn	gemahlen
tawābil	Gewürze
thahab	Gold
hadschim; kubur	Größe
hizām/ahzima	Gürtel
tādschir/tudschdschār	Händler
qamīs/qimsān	Hemd
bantalōn/-āt	Hose
tschakēt / -āt	Jacke
bunn	Kaffee(bohnen)
glāda	(Hals-)Kette
thōb	Kleid
nuhās	Kupfer
dschilid	Leder
qabbūt	Mantel
sifr	Messing

tartschiya/-āt	Ohrring
mihbas	Ring
qundara	Schuh
fizza	Silber
qumāsch	Stoff
sidschdschāda	Teppich
yaschmāgh	(Männer)Tuch
darsīn	Zimt
filfil	Pfeffer

Gemüseverkäufer in Mossul

Foto: Heiner Walther

Fotografieren

Fotomotive gibt es genügend, ob auf den Basaren oder in den zahlreichen archäologischen Stätten. Nur ist das nicht immer und überall leicht, vor allem beim Fotografieren von Menschen. Zwar rufen Kinder allerorts ṣūra, ṣūra! (Foto, Foto!). Aber es ist besser, erst zu fragen, bevor Sie auf den Auslöser drücken. Meist erlaubt man Ihnen das Fotografieren. Fragen Sie einfach:

Alle militärischen Anlagen und Einrichtungen, dazu gehören nach irakischem Verständnis auch Brücken, Ministerien, Polizisten und Soldaten, dürfen keineswegs fotografiert werden.

mumkin ṣūra?
möglich Foto
Darf ich Sie fotografieren?

balī, mumkin.
ja, möglich
Ja, das ist möglich.

lā, mū mumkin.
nein, nicht möglch
Nein, das ist nicht möglich.

it-taṣwīr masmūḥ hina?
der-Fotografieren erlaubt hier
Ist das Fotografieren hier erlaubt?

lā, mamnū*.
nein, verboten
Nein, es ist verboten.

flasch	Blitz
filim / aflām	Film
h̲ammaz̲, yih̲ammiz̲	entwickeln (Film)
s̲awwar, yis̲awwir	fotografieren
kāmira /-āt	Kamera; Fotoapparat
s̲ūra / s̲ūwar	Foto, Bild
tas̲wīr ragmī	Digitalfotografie
s̲ūra ragmiya	digitales Foto

Ahnengalerie im Sharif-Ali-Haus

Foto: Stephan Rosiny

Post und Bank

Postämter gibt es in allen Städten. Dort können Sie Briefmarken kaufen und Briefe oder Postkarten abgeben. Beachten Sie jedoch die Öffnungszeiten, meist von 9 bis 14 Uhr. Telefongespräche sind in den Postämtern oder in gesonderten Telefonzentralen (baddāla/-āt) möglich.

biēsch udschrat risāla / kārt ila ...?
wie-viel Porto Brief / Karte nach ....
Wie viel kostet ein Brief / eine Karte nach ...?

bil-barīd il-dschauwī
mit-der Post der-luftig
mit Luftpost

arīd arsil risāla musadschdschala.
ich-will ich-schicke Brief registriert (w)
Ich möchte diesen Brief per Einschreiben schicken.

Geld tauschen kann man auf der Bank, nicht bei privaten Geldwechslern.

wēn mumkin a<u>s</u>arrif flūs?
wo möglich ich-wechsle Geld
Wo kann ich Geld tauschen?

il-bank schgad waqit maftū<u>h</u>?
der-Bank wie Zeit offen
Wann hat die Bank geöffnet?

arīd a̱sarrif ... dūlār.
ich-will ich-tausche ... Dollar
Ich möchte ... Dollar tauschen.

mursil	Absender	
***inwān**	Adresse	
bank / bunūk	Bank	
risāla / rasāyil	Brief	
s̱andūg barīd	Briefkasten	*Kasten Post*
ṯābi* / ṯawābi*	Briefmarke	
ẕarf / ẕurūf	Briefumschlag	
dūlār	Dollar	
yūro	Euro	
fāks	Fax	
flūs	Geld	
s̱arrāf	Geldwechsler	
ma*ādin	Münzen	
bākēt s̱ghayyīr	Päckchen	
bākēt / -āt	Paket	
musadschdschal	per Einschreiben	
bil-dschauw	per Luftpost	*mit-der Luft*
barīd	Post(amt)	
kārt / -āt	Post-; Ansichtskarte	
waraq / aurāq	(Geld-)Schein	
risal, yirsil	schicken, senden	
chatam / achtām	Stempel	
talafōn	Telefon	
kallam bit-talafōn / yikallim	telefonieren, anrufen	
barqiya / -āt	Telegramm	
s̱arraf, yis̱arraf	wechseln (Geld)	

Behörden

Nur wer längere Zeit im Irak bleibt, hat mit Behörden zu tun. Gegenüber Ausländern verhalten sich Beamte sehr höflich. Dennoch sollten Sie Geduld und Zeit haben, bis alle Formalitäten erledigt sind. Beamte zu beschimpfen, wenn es Ihnen nicht schnell genug geht, führt gegebenenfalls dazu, dass Ihnen überhaupt nicht geholfen wird.

wēn isch-schurṯa?
wo der-Polizei
Wo ist die Polizei?

Hauptbahnhof Bagdad

Foto: Stephan Rosiny

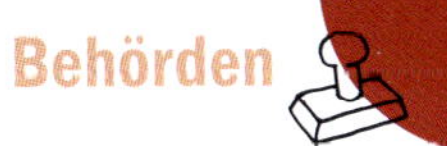

arīd aqaddim schakwā.
ich-will ich-vorbringe Klage
Ich möchte eine Anzeige erstatten.

bāqū il-flūs māl̲tī.
stahlen-sie (Mz) der-Geld Besitz-mein
Man hat mir mein Geld gestohlen.

āni lāzim at̲awwil it-ta'schira māl̲tī.
ich notwendig ich-verlängere der-Visum Besitz-mein
Ich muss mein Visum verlängern lassen.

iqāma	Aufenthalt
muwaz̲z̲af	Beamter; Angestellter
sifāra	Botschaft
is-sifāra il-almānīya	die deutsche Botschaft
idschāzat siyāqa	Führerschein
s̲ālih̲	gültig
schakwā	Klage; Anzeige
tschayyak, yitschayyik	kontrollieren (z. B. Koffer)
dschawāz / -āt	Pass
s̲ūra / s̲uwwar	Passbild
bit̲āqa schachs̲iya	Personalausweis
schurt̲a	Polizei
schurt̲i / -yīn	Polizist
chatam / achtām	Stempel
mū s̲ālih̲	ungültig
mas'ūl	verantwortlich
t̲awwal, yit̲awwil	verlängern
ta'schira	Visum
gumruk	Zoll
il-gamārik	(die) Zollbehörde

Krank sein

In den großen Städten ist die medizinische Versorgung gut. Viele Ärzte haben ihre Ausbildung im Ausland erhalten, was sie dann auch auf ihren Praxisschildern vermerken. Ärzte sind auch über die großen Hotels erreichbar.

Die Apotheken in den Städten sind mit Medikamenten gut versorgt. Bei Fahrten durchs Land empfiehlt es sich, dringend benötigte Medikamente mitzunehmen, zum Beispiel gegen Magenverstimmung und Durchfallerscheinungen.

āni marīẕ. / marīẕa.
ich krank (m/w)
Ich bin krank.

lāzim aschūf iṯ-ṯabīb.
nötig ich-sehe der-Arzt
Ich muss zum Arzt.

***indī ẖarāra.**
bei-mir Temperatur
Ich habe Fieber.

***indī wudscha* (schadīd) bil-baṯin.**
bei-mir Schmerzen (heftig) in-dem Bauch
Ich habe (starke) Bauchschmerzen.

akū ṯabīb daras bi-almāniya?
er-ist-vorhanden Arzt studierte-er in-Deutschland
Gibt es einen Arzt, der in Deutschland studiert hat?

***indī wudscha* bil- ...**
bei-mir Schmerzen in der ...
Ich habe Schmerzen am / im ...

***ēn / *ēnēn**	Auge
baṯin	Bauch
ridschil / ridschlēn	Fuß; Bein
raqaba	Hals
qalb	Herz
rukba / rukbatēn	Knie
rās	Kopf
ma*ida	Magen
ḫālig	Mund
chaschim	Nase
kilya / kilyatēn	Niere
udhun / udhunēn	Ohr
ẕahr	Rücken
sinn / sinān *(Mz)*	Zahn

arīd duwa zidd il- …
ich-will Medizin gegen der …
Ich möchte ein Medikament gegen …

ishāl	Durchfall
influanza	Grippe
iltihāb	Entzündung
gahha	Husten
naschla	Erkältung
zukām	Schnupfen
harāra	Fieber
qabiz	Verstopfung

Noch einige nützliche Wörter:

saidaliya	Apotheke
tabīb; daktōr	Arzt
damm	Blut
mustaschfa	Krankenhaus
duwa / adwiya	Medikament
***amaliya**	Operation
ratschēta	Rezept
hāmil; hibla	schwanger
dōcha	Schwindelanfall
habba / hubūb	Tablette
qatara / -āt	Tropfen
dscharih / dschruh	Wunde
tabīb is-sinān	Zahnarzt
schila* sinn, yischla*	ziehen (Zahn)

Toilette

Restaurants in den Städten und auch Raststätten an den Fernstraßen haben Toiletten (hammām). Allerdings entsprechen sie nicht immer unseren hygienischen Vorstellungen. Toilettenpapier sollten Sie deshalb stets dabei haben. Benötigen Sie eine Toilette, fragen Sie:

wēn hammām ir-riyādschīl / in-nisā?
wo Toilette der-Männer / der-Frauen
Wo ist die Herren- / Damentoilette?

chāulī / chawālī	Handtuch
nazīf	sauber
wasuch	schmutzig
sābūn	Seife
waraq hammām	Toilettenpapier

Papier Toilette

Schimpfen und Fluchen

Auch im Irak versteht man zu fluchen. Selten sind dabei Ausländer gemeint und wenn, dann ist der Grund sicher ein Missverständnis. Lassen Sie sich nicht provozieren! Reagieren Sie stattdessen beschwichtigend und voller Humor, wie z. B. mit dem folgenden Satz:

allāh yisāmhak! oder **allāh yintīk!**
Gott er-hat Nachsicht-mit-dir *Gott er-vergibt-dir*
Gott möge dir / Ihnen vergeben!

Die nachfolgenden Wendungen sollten Sie verstehen, aber nicht gebrauchen:

mūtī!	Du Esel!
yābn tschalib!	Du Hundesohn!
tschalib!	Du Hund!
inta mchabbal!	Du (m) bist verrückt!
intī mchabbala!	Du (w) bist verrückt!
yabni l-gahba!	Du Hurensohn!

Flüche und Schimpfwörter beziehen sich entweder auf unreine Tiere (Hund), moralische Eigenschaften oder im schlimmsten Fall auf die Mutter (umm).

Fühlen Sie sich belästigt oder zu Unrecht beschimpft, dann „wehren" Sie sich mitden folgenden Ausdrücken.

***ēb!**
Schande
Schäm dich / Schämt euch!

... oder auch: ***ēb *alēk / *alētsch!**
Schande über-dich (m/w)
Schäm dich!

Außenstehende werden bei diesem Ausruf sofort aufmerksam, greifen ein und fordern zur Besonnenheit auf. Ist die Angelegenheit für Sie erledigt, sagen Sie einfach:

chalā<u>s</u>, mū muschkila!
Schluss, kein Problem
Es ist alles wieder in Ordnung!

mā yichālif!
nicht er-widerspricht
Kein Problem!

Dringende Hilferufe

Vermeiden Sie die Klärung von Schuld oder Nichtschuld oder finanzieller Fragen vor Ort. Es ist immer besser, die Polizei und die für Sie zuständige Vertretung in Bagdad zu informieren.

Sollten Sie in eine Notsituation geraten, wird Ihnen hoffentlich schnell und uneigennützig geholfen.

bi-sur*a, arīd musā*ada!
mit-Geschwindigkeit, ich-will Hilfe
Schnell, ich brauche Hilfe!

mumkin tiwassilnī li- ...
möglich du-bringst (m)-mich nach ...
Können Sie mich nach ... / zu ... bringen?

Die nebenstehenden Hilferufe sind, da schriftlich, in der Hochsprache abgefasst.

1. اسمي ...
   ismī ...
   Mein Name ist ...

2. أنا من ألمانيا / النمسا / سويسرا
   anā min almāniya / in-nimsā / swisrā.
   Ich komme aus Deutschland / Österreich / der Schweiz.

3. عرض لي حادث المرور
   ***araza lī hādith il-murūr.**
   Ich hatte einen Unfall.

4. أنا مريض — أنا مريضة
   anā marīd. — **anā marīda.**
   Ich bin krank. (m) — Ich bin krank. (w)

5. سرقوني
saraqūnī.
Man hat mich bestohlen.

6. فقدت وثائقي
faqadtu wathā'iqī.
Ich habe meine Dokumente verloren.

7. ساعدوني بسرعة من فضلكم
sā*idūnī *(m, Mz)* **bi-sur*a, min fazlikum!**
Helfen Sie mir bitte schnell!

8. اطلبوا طبيبا / الشرطة من فضلكم
utlubū *(m, Mz)* **tabīban / asch-schurta min fazlikum!**
Bitte holen Sie einen Arzt / die Polizei!

9. كيف اذهب الى ...؟
kaifa athhab ila ...?
Wie komme ich nach ...

10. كيف اذهب الى طبيب / الى فندق؟
kaifa athhab ila tabīb / ila funduq?
Wie komme ich zu einem Arzt / einem Hotel?

11. أين ممكن اتصل بالهاتف؟
aina mumkin attasil bil-hātif?
Wo kann ich telefonieren?

12. أخبروا السفارة الالمانية من فضلكم
uchbirū *(m, Mz)* **as-sifāra al-almānīya, min fazlikum!**
Bitte benachrichtigen Sie die deutsche Botschaft!

Nichts verstanden? – Weiterlernen!

Bravo! Den Anfang zum Erlernen einer schweren Sprache haben Sie schon gemeistert. Keine Angst, reden Sie einfach! Auch die Iraker kennen die Schwierigkeiten ihrer Sprache und werden sich Ihnen gegenüber tolerant und zugleich hilfsbereit verhalten.

***afwan?**
Verzeihung
Wie bitte?

na*m?
Verzeihung
Wie bitte?

Mit einem Smartphone können Sie sich die mit einem gekennzeichneten Sätze dieses Kapitels anhören.

mā ftihamtak.
nicht verstand-ich-dich (m)
Ich habe Sie nicht verstanden.

mā fihamit kull schī.
nicht verstand-ich alle Sache
Ich habe nicht alles verstanden.

ah̲tschī *arabī bass schwayya.
ich-spreche Arabisch nur wenig
Ich spreche nur wenig Arabisch.

ardschūk ih̲tschi yawāsch!
ich-bitte-dich (m), sprich (m) langsam
Bitte sprechen Sie langsam!

Nichts verstanden? – Weiterlernen!

Haben Sie ein Wort oder eine Wendung nicht verstanden, dann fragen Sie:

schinū ma*na hādha?
was Bedeutung dieser
Was heißt das?

Falls Sie die arabische Schrift nicht erlernt haben, aber dennoch wissen möchten, was auf einem Schild steht oder wie die Adresse lautet, fragen Sie:

lau samaht, mumkin tiqra lī hādha?
wenn gestattet hast-du (m) möglich du-liest für-mich dieser
Können Sie mir das bitte vorlesen?

Falls Sie trotz aller Bemühungen nicht klarkommen, bleibt nur noch die Frage nach den Sprachkenntnissen Ihres Gesprächpartners.

akū wāhid yihtschī almānī / inglīzī / fransāwī?
er-ist-vorhanden eins er-spricht Deutsch / Englisch / Französisch
Gibt es jemanden, der Deutsch / Englisch / Französisch spricht?

mumkin titardschim?
möglich du-übersetzt
Würden Sie (mir) übersetzen?

Wörterliste Deutsch – Irakisch

Foto: Stephan Rosiny

Die folgenden Listen umfassen jeweils etwa 1000 Wörter, mit denen die Verständigung schon gut klappt. Bezeichnungen für Autoteile, Bekleidung, Farben, Getränke, Körperteile und Lebensmittel sowie Monatsnamen und Zahlen wurden nicht aufgenommen. Diese sind in den Listen in den jeweiligen Kapiteln zu finden.

Hauptwörter

stehen immer in der Ein- und Mehrzahl, falls es sie gibt. Endet die Mehrzahl auf -īn *(m) bzw.* -āt *(w), dann wird sie regelmäßig gebildet. Beide, auch unregelmäßige Mehrzahlformen, stehen nach dem Schrägstrich, z. B.:* kitāb / kutub *(Buch / Bücher). Weibliche Hauptwörter sind mit (w) gekennzeichnet. Existiert ein Wort lediglich in der Einzahl, ist es mit „Ez" gekennzeichnet. Kommt es hingegen nur in der Mehrzahl vor, steht „Mz" dahinter.*

Verben

(Tätigkeitswörter) sind in der Grundform Vergangenheit („er schrieb") und der 3. Person männl. Gegenwart angegeben. Es folgt die Befehlsform (m), sofern sie wichtig ist. Verlangen Verben ein bestimmtes Verhältniswort, so steht es hinter der Grundform.

Eigenschaftswörter

erscheinen nur in der männlichen Form. Hat deren Mehrzahl nicht die Endung -īn, *ist sie unregelmäßig und wird erwähnt. Beide Mehrzahlformen werden nur bei männlichen Personen verwendet. Die weiblichen Endungen für die Einzahl* -a *bzw. die Mehrzahl* -āt *lassen sich leicht ableiten. Ausnahmen werden genannt.*

Ein langes ā *ist unter* a *zu finden, ebenso* ē/e, ī/i, ō/o *und* ū/u. *Die Zeichen* * *(*ain) und das seltenere* ' *(Hamza) bleiben im Alphabet unberücksichtigt.*

Abkürzungen

m	männlich
w	weiblich
bes.	besitzanz. Fürwort
Gatt.	Gattungsbezeichnung
a.	auch
jmd.	jemanden
etw.	etwas
Ggs.	Gegensatz

A

Abend masā'
Abendessen *ishā
abends bil-masā'; masā'an
aber lākin
Abschied widā*
Absender mursil
ach so! hā!
Adresse *inwān / *anāwīn
ähnlich mithil
Alkohol chamr / chumūr
Allah allāh
alle kull
alles kull shī
als (zeitl.) lamma
als (Vergleich) min
alt (Mensch) kabīr / kbār
alt (Sache) qadīm; *atīg
Alter (Lebens-) *umur
andere(r) āchar *(m)* / uchrā *(w)*
Angestellter muwazzaf / -īn
Angst chōf
Angst haben vor chāf min, yichāf
anhalten wugaf, yūgaf, guf!
ankommen (an / in) wusal ila, yūsal
Ankunft wusūl
Ansichtskarte bostkārt / -āt
anstatt badal
Anlass sabab / asbāb
Antwort dschuwāb
antworten dschāwab, yidschāwib, dschāwib!
Anzahl (von) *adad min
Anzeige schakwā *(w)* schakāwā
anziehen, sich libas, yilbas
Apotheke saidaliya *(w)* / -āt
Araber *arabī / (il-)*arab
arabisch *arabī
Arbeit schughul
arbeiten schtighal, yischtughul
Arbeiter *āmil / *ummāl
arm faqīr / fuqarā'
Armee dschēsch / dschyūsch
Arzt tabīb; daktōr
Aschenbecher minfaza *(w)* / manāfiz
aua! ah!
auch hamm
auf *ala, a.: *al-
Aufenthalt iqāma *(w)*
aufhören challas, yichallis
aufstehen (a. v. Schlaf) gām, yigūm, gūm!
aus min
außer ghēr
außerhalb barra
Ausflug rihla *(w)* / -āt
Ausfuhr ichrādsch
Ausgang machradsch; churūdsch
ausgezeichnet mumtāz
Ausländer adschnabī / adschānib
ausprobieren dscharrab, yidscharrib
Ausreise mughādara *(w)*
ausruhen, sich irtāh, yirtāh
aussteigen (aus) nizal min, yinzil
auswählen (etw.) chtār, yichtār
Ausweis hawiya *(w)* / -āt
ausziehen, sich niza* , yinza*
Auto sayyāra *(w)* / -āt

B

Babylon bābil
Bäckerei machbaz / machābiz

Wörterliste Deutsch – Irakisch

Bad hammām / -āt
Bagdad baghdād *(w)*
Balkon bālkōn / -āt
bald ba*ad schwayya
Bank bank / bunūk
Bauer fallāh / -īn
Baum schadschara *(w)* / schadschar
Baumwolle qutun
Basar sūg / aswāg
Basra il-basra *(w)*
Beamter muwazzaf / -īn
Bedeutung ma*na
beenden challas, yichallis, challis!
beginnen btida, yibtidī, ibtidi!
bei *inda, a.: *ind-
bekannt ma*rūf
belästigen (jmd.) zayyaq, yizayyiq
benachrichtigen chabbar, yichabbir, chabbir!
benutzen sta*mal, yista*mil
Benzin banzīn
Berg dschabal / dschibāl
berühmt maschhūr
Bescheinigung kitāb rasmī
Beschwerde schakwā *(w)* / shakāwā
beschweren, sich (über) schtakā min, yischtakī
besetzt (Telefon) maschghūl
besetzt (Hotel, Stuhl) mahdschūz
Besitzer sāhib / ashāb
besser ahsan
Bestechung raschwa *(w)* / -āt
bestellen (z. B. Speise) wassa, yiwassī, wassi!
Besuch ziyāra *(w)* / -āt
besuchen zār, yizūr
beten salla, yisallī, salli!
betrunken sakrān / -īn
Bett frāsch / frūsch
bevor gabul
bezahlen difa*, yidfa*, idfa*!
Bibel il-indschīl
Bier bīra *(w)*
Bild (Foto) sūra *(w)* / suwar
billig rachīs
bis (zeitl.) lhad
bisschen schwayya
Bitte talab / -āt
bitte! (Aufforderung) min fazlak! *(m)*
bitte! (Gewährung) tafazzal! *(m)*
bitte (Antwort auf „danke!“) *afwan
bitten tilab, yitlub
bitter murr
Blatt waraq / aurāq
Bleistift qalam / aqlām
Blume zahra *(w)* / zuhūr
Botschaft sifāra *(w)* / -āt
Botschafter safīr / sufarā'
brauchen hitādsch, yihtādsch
Braut *arūs
Bräutigam *irrīs
bravo! brāfō!
breit *ariz
Brief risāla *(w)* / rasāyil
Briefkasten sandūg il-barīd / sanādīg
Briefumschlag zarf / zurūf
bringen dschāb, yidschīb, dschīb!
Brücke dschisir / dschusūr
Bruder ach / uchwān
Brunnen bīr / ābār
Buch kitāb / kutub
Buchstabe harf / hurūf
bügeln kawī, yikwī
bunt mulawwan
Büro maktab / makātib
Bus bās / -āt
Bushaltestelle mahattat *(w)* il-bās / -āt

C / D

Chef mudīr / mudarā'
Christ nusrānī / nasārā
Christentum il-masīhiya *(w)*
Cousin ibin *amm (väterl.), ibin chāl (mütterl.)
Cousine bint *amm, bint chāl

Dach satah / sutūh
damals dhāk il-waqit
damit likay; lishān
danach ba*dēn
danke! shukran!
danken schikar, yischkur
dass innuh
das heißt ya*nī
Dattel tamra *(w)* / tumūr
Datum tārich
Decke (Woll-) battāniya *(w)* / -āt
denken ftikar, yiftikir
deutsch almānī
Deutscher almānī / almān
Deutschland almāniya *(w)*
Devisen *umla *(w)*
sa*ba / -āt
Dialekt lihdscha *(w)* / -āt
dick thachīn / thichān
Dieb bawwāg
dies(er/e/e) hādha / hādhi / hādhōla
Ding schī / aschyā'
Direktor mudīr / mudarā'
Dollar dulār / -āt
dolmetschen tardscham, yitardschim
Dolmetscher mutardschim / -īn
Donnerwetter! yā allāh!
Dorf qariya *(w)* / qurā
dort hināk
draußen barra
du inta *(m)* / inti *(w)*
dumm ghabī
dünn rafī*
dünn (Gegenstand) chafīf
Durchfall ishāl
durstig *atschān
Dusche dusch
duschen, sich achadh dusch, yāhudh
Dutzend dirzan

Ehefrau zōdscha *(w)* / -āt
Ehemann zōdsch / azwādsch
Eigentum muluk / amlāk
eilig musta*dschil / -īn
ein(er/e) wāhid / wihda
einfach sahil; basīt
Eingang madchal; duchūl
einladen (zu) *izam li, ya*zim
Einladung da*wa *(w)*
Einschreibebrief risāla *(w)* / rasā'il musadschdschala
einsteigen rikab, yirkab, irkab!
eintreten dichal, yidchul, udchul!
einverstanden muwāfiq
Einwohner sākin / sukkān; ahil *(Mz)*
Eis (Ggs.Wasser) thalidsch
Eisen hadīd
elektrisch kahrabā'ī
eng zāyiq
Engländer inglīzī / inglīz
englisch inglīzī
Entschuldigung! il-*afwu!; *afwan!
entwickeln (Film) hammaz filim, yihammiz
Entwicklung (Film) tahmīz wu-tab*
Entzündung iltihāb
er huwwa
Erde arz
Erdöl nafut
Erfolg nidschāh
erhalten stilam, yistilim
erinnern (jmd.) dhakkar, yidhakkir, dhakkir!
erinnern, sich dhakkar, yidhakkar
Erinnerung dhikra *(w)*
Erkältung naschla *(w)*
erklären schirah, yischrah
erlauben (jmd. etw.) simah li, yismah, ismah!
Esel himar / hamīr
essen akal, yākul
Essen (Speise) akil / aklāt; ta*ām
Etage tābiq / tawābiq
etwas schī
Euphrat il-furāt
Europa urubba
europäisch urubbī

F

fahren rāh, yirūh, rūh!
fahren (steuern) sāg, yisūg, sūg!
Fahrer sāyiq / /-īn
Fahrkarte bitāqa *(w)* / -āt
Fahrpreis udschra *(w)*
falls idhā
falsch (eine Sache) ghalat
Familie ahil
Farbe lōn / alwān
Fass barmīl / barāmīl
fasten sām, yisūm, sūm!
Fasten siyām
faul kaslān
Feier; Fest hafla *(w)* / -āt
Feiertag *īd / a*yād
Feld haqal / huqūl
Fenster schubbātsch / schibābītsch
Ferien *utla *(w)*
fertig dschāhiz
Feuer nār
Fieber harāra *(w)*
finden liga, yilga
Firma scharika *(w)* / -āt
Flasche butul / btāla
Flughafen matār / -āt
Flugzeug tayyāra *(w)* / -āt
Fluss nahar / anhur
Foto sūra *(w)* / suwar
fotografieren sawwar, yisawwir, sawwir!
Frage su'āl / as'ila
fragen si'al, yis'al, is'al!
Frau mara / nisā'
Frau (Anrede) sayyida / -āt
Fräulein ānisa / -āt
frei (Person) hurr
frei (z. B. Zimmer) fāzi
Freiheit hurriya
Freund sadīq / sudqān
Frieden salām
Friedhof maqbara *(w)* / maqābir
frisch (Gemüse) tāze
Friseur hallāq / -īn
froh farhān
früh min waqit
Frühling rabī*
Frühstück rayyūg; futūr
frühstücken trayyag, yitrayyig, trayyig!
Führerschein idschāzat *(w)* siyāqa
füllen (z. B. Benzintank) malli, yimalli, malli!
für li-; lischān; bi-
Furcht chōf
fürchten, sich (vor) chāf min, yichāf

G

Gabel tschatal / -āt
Garten hadīqa *(w)* / hadāyiq
Gast zēf / zuyūf
Gastfreundschaft ziyāfa *(w)*
geben nta, yintī, ntī!
Gebet salāt *(w)*
Gebetskanzel mimbar
Gebetsrichtung qibla *(w)*
Gebirge dschibāl
gebrochen maksūr
Geburtstag (Fest) *īd mīlād
Gedanke fikra *(w)* / afkār
Geduld sabur
Geduld haben sabar, yisbur, usbur!
geduldig sabrī
Gefahr chatar
gefährlich chatīr
Gefängnis sidschin / sidschūn
gegen zidd
gegenüber (örtl.) gbāl
Gehalt rātib / rawātib
gehen rāh, yirūh, rūh!; mischa, yimschī, imschi!
geizig bachīl / buchalā'
Geld flūs *(Mz)*
Geldwechsler sarrāf / -īn
genau biz-zabit
Genehmigung idschāza *(w)* / -āt
genug kaffī
geöffnet maftūh
Gepäck dschunat *(Mz)*
geradeaus gubal
Geschäft dukkān / dikākīn
Geschenk hadiya *(w)* / hadāya
geschlossen masdūd

Gesetz qānūn / qawānīn
gestern ilbārha; imbārha
Gesundheit sahha *(w)*
Gewicht wazin
gewiss sudug
Gewohnheit *āda *(w)* / -āt
gewöhnlich *ādatan
gibt, es akū
Glas dschām
Glas (Trink-) glās / -āt
gläubig (relig.) mu'min / -īn
Glück hazz
glücklich sa*īd
Glückwunsch! mabrūk!; tahānī!
Glühbirne glōb / -āt; lamba / -āt
Gold dhahab
Golf, Arabischer il-chalīdsch il-*arabī
Gott allāh
Grammatik nahw
gratulieren hannā, yihannī
Grenze hudūd *(Mz)*
Grippe influanza
groß kabīr / kbār
Größe (Kleidung) hadschim; kubur
Großmutter dschidda / -āt
Großvater dschidd / adschdād
Grund (Anlass) sabab / asbāb
Gruß salām / -āt
grüßen (jmd.) sallam *ala, yisallim
gültig (bis) sālih li
Gürtel hizām / ahzima
gut zēn
gut (Mensch) chosch

H

Haar scha*ar
haben *ind (+ bes.)
halb nusuf, a: nuss
Hälfte nusuf, a.: nuss
Haltestelle mahatta *(w)* / -āt
Hammer tschākūtsch / tschawākītsch
Händler tādschir / tudschdschār
Handtuch chāulī / chawālī
hässlich (Mensch) qabīh / qbāh
Hauptstadt *āsima *(w)* / *awāsim
Haus bēt / buyūt
Heft daftar / difātir
heilig mqaddas
Heiliger walī / auliyā'
Heirat zawādsch
heiraten tzawwadsch, yitsawwidsch
heiß hārr
helfen sā*ad, yisā*id, sā*id!
Herbst charīf
Herr (Anrede) sayyid / sāda
heute ilyōm, a.: halyōm
hier hina, a.: hināya
Hilfe musā*ada *(w)* / -āt
Himmel samā' *(w)*
hinbringen (jmd.) wassal, yiwassil, wassil!
hinten wara
hinter wara
hoch *ālī
Hochzeit *irs
hoffen t'ammal, yit'ammal
hoffentlich atmannā
höflich m'addab / -īn
holen dschāb, yidschīb, dschīb!
Holz chaschab
hören sima*, yisma*, isma*!
Hotel utēl / -āt
Hund tschalib / tschilāb
Hunger dschū*
hungrig dschō*ān / -īn
husten gahh, yiguhh
Husten gahha *(w)*

I

ich āni
Idee fikra *(w)*
immer dāyman; kull waqit
in bi-; fī
innen dschuwwa
Ingenieur muhandis / -īn

Industrie sinā*a *(w)* / -āt
innerhalb dāchil; dschuwwa
intelligent dhakī
Insel dschazira *(w)* / dschuzur
interessant muhimm
Irak il-*irāq
Iraker *irāqī / -yīn
irakisch *irāqī
Iran irān
irgend etwas fadd schī
irgendwer fadd ahad
irgendwo fadd makān
Islam islām
islamisch islāmī

J

ja nā*am; balī; 'īh
Jahr sana *(w)* / sinīn
Jahreszeit fasil / fusūl
jährlich sanawī
jedenfalls bi-kull ahwāl
jede(r) kull
jederzeit kull waqit
jener(e,e) hadhāk / hadhītsch / hadhōlak
jetzt hassa
Jordanien il-urdun
jordanisch urdunī
Jude yahūdī / yahūd
Judentum il-yahūdiya
jüdisch yahūdī
Jugend schabāb
Jugendlicher schābb / schubbān
jung saghīr / sghār; sghēr / sghār
Junge walad / wulid

K

Kaffee gahwa *(w)*
Kalender ruznāme
kalt bārid
Kälte bard
Kamera kāmira / -āt
Kamel dschamal / dschimāl
Kamm mischit / mschāt
kaputt maksūr; chirbān
Kasten sandūg / sanādīg
Katze bazzūna / bizāzīn
kaufen schtira, yischtirī
kein Problem! mū muschkila!
keine(r) māhad
Kellner walad; dscharsōn
kennen *iraf, ya*ruf
kennenlernen (jmd.) t*arraf *ala, yit*arraf
Kerze scham*a *(w)* / schumū*
Kette silsila *(w)*
Kette (Hals-) glāda *(w)*
Kind tifil / atfāl
Kino sīnama *(w)*
Kirche kanīsa *(w)* / kanāyis
Kleidung malābis *(Mz)*
klein saghīr / sghār
Kleingeld chorda *(w)*
Klingel dscharas
klingeln dagg idsch-dscharas, yidigg, digg!
klopfen (an) dagg *ala, yidigg, digg!
kochen (Speise) tibach, yitbuch
kochen (Wasser) fawwar, yifawwir
Koffer dschanta *(w)* / dschunat
Kollege zamīl / zumalā'
kommen idscha, yidschī
komm her! ta*āl! *(m)*
kompliziert sa*b
können (vermögen) gidar, yigdar
Konsulat qunsuliya *(w)* / -āt
Kontrolle taftīsch
kontrollieren fattasch, yifattisch, fattisch!; tschayyak, yitschayyik, tschayyik!
Koran il-qur'ān (il-karīm)
kosten (probieren) dhāq, yidhūq, dhūq!
kosten (Preis) kallaf, yikallif
kostenlos madschdschanan; balāsch

krank mariẕ
Krankenhaus mustaschfa *(w)* / -yāt
Krankheit maraẕ / amrāẕ
Kreuzung taqāṯu* / -āt
Krieg ẖarb / ẖurūb
Küche maṯbach / maṯābich
kühl bārid
Kühlschrank ṯhallādscha *(w)* / -āt
Kugelschreiber qalam / aqlām
Kuh baqara / baqar
Kunst fann / fnūn
Künstler fannān / -īn
Kupfer nuẖās
kurz qas̱īr
Kuss būsa *(w)* / -āt
küssen tbāwas, yitbāwis
Kuwait il-kuwēt
kuwaitisch kuwētī

L

lachen ẕaẖak, yiẕẖak
Laden dukkān / dakākīn
Lage (geogr.) mauqi*
Lampe lamba *(w)* / -āt
Land (Dorf) rīf
Land bilād / buldān
Landkarte charīṯa *(w)* / charāyiṯ
Landwirtschaft zirā*a *(w)*
lang ṯawīl
langsam yawāsh
langsam, langsam! *ala kēfak! *(m)*
langweilig mumill
lassen (etwas) challa, yichallī, challi!
Lassen Sie es liegen / stehen! challi, challi!
leben *āsch, yi*īsch
Leben ẖayāt *(w)*
Lebensmittel mawādd ghidhā'iya
Leder dschilid
ledern dschildī
ledig *azab / *izbān
leer fāẕī
legen challa, yichallī, challi!
Lehm ṯīn
lehren darras, yidarris, darris!; *allam, yi*allim, *allim!
Lehrer mu*allim / -īn; mudarris / -īn
leid, es tut mir āni mit'assif
leicht (Gewicht) chafīf
leicht (Sache) sahl; basiṯ
lesen qira, yiqra, iqra!
letzte(r) achīr, achīra
Leute nās *(Mz)*
Licht nūr
Licht (Ggs. Schatten) ẕau'
lieben ẖabb, yiẖibb
Lied ughniya *(w)* / aghānī
Linie chaṯṯ / chuṯūṯ
links yasār
Löffel chāschūga *(w)* / -āt
Lohn adschir
los, schnell! yaḻḻa!
Löwe asad / usūd
Luft hawa
Luftpost, per bil-barīd il-dschauwī
Lüge kithb
lügen kithab, yikthib
Lügner kadhdhāb / -īn

M

machen sawwa, yisawwī
macht nichts! mā yichālif!
Mädchen bint / banāt
mahlen ṯaẖan, yiṯẖan
malen risam, yirsim, irsam!
manchmal marrāt
Mann ridschdschāl / riyādschīl
Markt sūg / aswāg
Märtyrer (polit., relig.) schahīd / schuhadā'
Maschine makīna *(w)* / makāyin
Maus fār / firān
Medikament duwa *(w)*
Meer baẖar / buẖūr
mehr (als) akṯhar min
meinen ẕann, yiẕinn
Meinung rā'ī
Mensch insān / nās

merkwürdig *adschīb
Messer sitschtschīn / satschātschīn
Miete udschra *(w)*
mieten sta*dschar, yista*dschir
militärisch *askarī
Minarett mināra *(w)* / -āt
Minister wazīr / wuzarā'
Ministerium wizāra *(w)* / -āt
Minute daqīqa *(w)* / daqāyiq
mit wīya; ma*a
Mittag zuhur
Mittagessen ghada
Mittag essen (zu) tghadda, yitghadda
mittags biz-zuhur; iz-zuhur
Mitte wasat
Mitternacht nusuf il-lēl
modern dschadīd
möglich mumkin
Monat schahar / aschhur
Mond qamar
morgens bis-subuh; is-subuh
Moschee masdschid / masādschid; dschāmi* / dschawāmi*
Mossul il-mōsil
Motorrad matōrsikl / -āt
müde ta*bān / -īn
Muezzin mu'adhdhin
Müll zibl
Münzgeld *umla *(w)* ma*daniya / -āt
Museum mathaf / matāhif
Musik musīqa
müssen lāzim
Mutter umm / ummahāt; wālida / -āt

N

nach (örtl.) ila
nach (zeitl.) ba*ad
Nachbar dschīr / dschīrān
nachdenken (über) fakkar fī, yifakkir, fakkir!
Nachmittag ba*ad iz-zuhur
Nachricht chabar / achbār
Nacht lēla *(w)* / lyūl
nachts bil-lēl
nahe qarīb
Nähe qurb
Name isim / asāmī'
nass nadī
national watanī
Nationalität dschinsiya *(w)*
Natur tabī*a *(w)*
natürlich tabī*ī
natürlich! tab*an!
neben (örtl.) bi-dschānib
Neffe ibin ach; ibin uchut
nehmen achath, yāchuth, chuth!
nein lā, a.: lā' (betont)
neu dschadīd
Nichte bint ach; bint uchut
nichts lā schī
niemals abadan
niemand māhad
nochmals marra uchrā
Norden schimāl
nördlich schimālī
normal *ādī
normalerweise *ādatan
notwendig zarūrī
Nummer raqam / arqām
nur bass
Nutzen fāyda *(w)*
nützlich mufīd
nutzlos bidūn fāyda; mākū fāyida

O

Oase wāha *(w)* / -āt
oben fōg
Obst mēwa *(w)*, mīwa *(w)*
oder au
offen maftūh
offiziell rasmī
Offizier zābut / zubbāt
öffnen fitah, yiftah, iftah!
oft(mals) marrāt *(w)* kathīra
ohne bidūn
ohne dass (vor Verben) bidūn mā
Onkel (väterl.) *amm
Onkel (mütterl.) chāl
organisieren dabbar, yidabbir, dabbir!

Ort(schaft) balad / bilād
Ort (Platz) makān / -āt
Osten scharq
östlich scharqī
Österreich in-nimsa *(w)*
Österreicher nimsāwī / -yīn

P / Q

Paar zōdsch / azwādsch
Päckchen (z. B. Zigaretten) bākēt (sghayyir) / -āt
Paket bākēt / -āt
Palme nachla *(w)* / nachal
Papier waraq / aurāq
Park muntazih / -āt; bārk / -āt
Partei hizib / ahzāb
Pass dschawāz / -āt
Pause rāha *(w)* / -āt; istirāha *(w)* / -āt
Person schachus / aschchās
Pferde chēl (Gatt.)
Plan chutta *(w)* / chutat
Plastik bilastīk
Plastiktüte kīs / akyās
Platz (geogr.) sāha *(w)* / -āt
Politik siyāsa *(w)*
politisch siyāsī
Polizei schurta *(w)*
Polizei (Behörde) markaz isch-schurta / marākiz
Polizist schurtī / -yīn
Post barīd
Porto udschra *(w)*
Postamt maktab il-barīd / makātib
Postkarte kārt / -āt
Preis si*r / as*ār; qīma *(w)* / qiyam
privat chusūsī
Problem muschkila *(w)* / maschākil
Programm barnāmidsch / barāmidsch
Prophet nabī / anbiyā'
Qualität nau*iya *(w)*
Quelle *ēn / *uyūn
Quittung wasl / wusūlāt

R

Radio radiyō
Rauch duchān
rauchen dachchan, yidachchin, dachchin!
Raum ghurfa *(w)* / ghuraf
Rechnung hisāb / -āt
Recht haqq / huqūq
recht, Sie haben ... *indak haqq
rechts yamīn
reden hitscha, yihtschī, ihtschi
Regen matar
Regierung hukūma *(w)* / -āt
registrieren sadschdschal, yisadschdschil, sadschdschil!
regnet, es tumtur
reich (Mensch) ghanī / -yīn
reinigen nazzaf, yinazzif, nazzif!
Reise safar / -āt; rihla *(w)* / -āt
reisen sāfar, yisāfir
Reisender musāfir / -īn
Reisescheck tschēk māl safar / -āt
Religion dīn / adyān
Reparatur taslīh / -āt
reparieren sallah, yisallih, sallih!
Republik dschumhūriya *(w)* / -āt
reservieren hidschaz, yihdschaz, ihdschaz!
Restaurant mat*am / matā*im
Rezept ratschēta *(w)* / -āt
richtig sahh
Richtung ittidschāh / -āt
Ring (Finger-) mahbas / mahābis
Rückkehr *auda *(w)*
rückständig mutachallif
rufen di*a, yid*ū
rufen (schreien) sāh, yisīh, sīh!
rund mudawwar

Wörterliste Deutsch – Irakisch

S

Sache schī / aschyā
sagen gāl, yigūl, gul!
Sand ramal
satt schab*ān / -īn
Satz (gramm.) dschumla *(w)* / dschumal
sauber nazīf
Sauberkeit nazāfa *(w)*
säubern nazzaf, yinazzif, nazzif!
Saudi-Arabien is-sa*ū diya
sauer hāmiz
Schaden chasāra *(w)* / chasā'ir
Schande *ēb
scharf (Gewürz) hārr
Schatten zill
schauen schāf, yischūf, schūf!
Scheck tschēk / tschkūk
Scheich schēch /schuyūch
schicken risal, yirsil, irsil!
Schiff markab / marākib
Schiit schī*ī / -yīn
Schiiten (relig. Richtung) isch-schī*a *(w)*
Schlaf nōm
schlafen nām, yinām, nām!
Schlafzimmer ghurfat in-nōm / ghuraf
schlagen zirab, yizrub, uzrub!
schlecht dūnī; mū zēn
schließen sadd, yisidd, sidd!
Schlüssel miftāh / mafātīh
Schmerz alam, / ālām
schmutzig wasich
Schnee thalidsch
schneit, es tithlidsch
schneiden gass, yiguss, guss!
schnell sarī*
schnell! yalla!; bi-sur*a!
schön dschamīl
Schrank dūlāb / dawālīb
schreiben katab, yiktub, uktub!
Schuh qundara *(w)* / qanādir
Schule madrasa *(w)* / madāris
Schuhmacher qundartschī /-yīn
schweigen sikat, yiskit, iskit!
Schwein chanzīr / chanāzīr
Schweiz swisra
Schweizer swisrī / yīn
schwer (Gewicht) thagīl
Schwester uchut / chawāt
schwierig sa*b
Schwierigkeit su*ūba *(w)*/-āt
schwimmen sibah, yisbah
schwitzen *irag, yi*rag
schwitze, ich āni *argān
See (der) buhēra *(w)* / -āt
sehen schāf, yischūf, schūf!
Seide harīr
Seife sābūn
seit min
seit langem min zamān
Seite dschānib / dschawānib
Sekunde thāniya *(w)* / thawānī
setzen, sich gi*ad, yig*ad, ug*ud!
sicher (überzeugt) akīd; mit'akkid
sicher, ich bin āni mit'akkid
sie *(Ez)* hiyya
sie *(Mz)* humma
Silber fizza *(w)*
Sitte *āda *(w)* / -āt
Sitzplatz maq*ad / maqā*id
sofort hālan
Sohn ibin / abnā'
Soldat dschundī / dschinūd
sollen lāzim
Sommer sēf
Sonne schams
spät mit*achchir
Speise ta*ām, akil
spielen li*ab, yil*ab, il*ab!

Sport riyāza *(w)*
Sprache lugha *(w)* / -āt
sprechen hitscha, yihtschī, ihtschi!; tkallam, yitkallam
Spritze ubra *(w)* / ubar
Staatsangehörigkeit dschinsiya *(w)*
Stadt madīna *(w)* / mudun
Stamm (Volks-) *aschīra *(w)*/ *aschā'ir
stark qawī
stehen wugaf, yūgaf
stehlen (von jmd.) bāg min, yibūg
Stein hadschara *(w)* / hidschār
sterben māt, yimūt
Stern nadschma *(w)* / nudschūm
Stimme sōt / aswāt
Stoff qumāsch
Strafe *aqūba *(w)* / -āt
Straße schāri* / schawāri*
Stück wusla *(w)*
Student tālib / tulāb
studieren diras, yidrus, udrus!
Stuhl kursī / karāsī
Stunde sā*a *(w)* / -āt
Süden dschinūb
südlich dschinūbī
Sunnit sunnī / yīn
Sunniten (relig. Richtung) is-sunna *(w)*
süß hilū

T

Tabak titin
Tablette habba *(w)* / hubūb
Tag yōm / ayām
Tag (Ggs.: Nacht) nahār
täglich yōmiyan; kull yōm
tagsüber bin-nahār
Tal wādī / widyān
Tankstelle banzīnchāne *(w)*
Tante (väterl.) *amma / -āt
Tante (mütterl.) chāla / -āt
Tanz rigis
tanzen rigas, yirgus, urgus!
Tasche dschanta *(w)* / dschunat
Tasche (Kldg.) dschēb / dschyūb
Taschentuch tschaffiya *(w)* / tschifāfī
Tasse findschān / fanādschīn
taub atrasch
Taxi taksi
Tee tschāi
Telefon talafōn
telefonieren kallam bit-talafōn, yikallim
Teller mā*ūn / mawā*īn
Teppich sidschdschāda / -āt
teuer ghālī
Theater masrah / masārih
Teufel schētān
tief *amīq
Tier hayawān / -āt
Tigris didschla *(w)*
Tisch mēz / myūz
Tochter bint / banāt
Toilette hammām / -āt; tualit
Tod maut
tot mayyit
töten qital, yiqtul, uqtul!
Tourist sāyih / suwwāh
tragen; transportieren himal, yihmil, ihmil!
traurig hazīn
Treppe daradsch
trinken schirab, yischrab, ischrab!
Trinkgeld ikrāmiya *(w)*
trocken yābis
trotzdem raghum hādha
tschüß! ma*a s-salāma!
Tür bāb / abwāb
Turm burdsch, abrādsch

U

über fōg (örtl.); ba*d (zeitl.)
überall bi-kull makān
übermorgen *uqub bātschir

übersetzen tardscham, yitardschim, tardschim!
Übersetzer mutardschim / -īn
Uhr sā*a *(w)* / -āt
umsehen, sich tfarradsch, yitfarradsch, tfarradsch!
umtauschen baddal, yibaddil, baddil!
Umwelt bī'a *(w)*
unbekannt mū ma*rūf
und wu-, a.: w-
Unfall hādith il-murūr / hawādith
ungefähr hawālī; taqriban
Universität dschāmi*a *(w)* / -āt
unmöglich mū mumkin; mustahīl (betont)
unten tahat
unter tahat
Unterschied farig / furūg
unterschreiben waqqa*, yiwaqqi*, waqqi*!
Unterschrift tauqī*
untersuchen fihas, yifhas, ifhas!
Untersuchung (Arzt) fahus
Urlaub idschāza *(w)*

V

Vater ab / abā'; wālid
Ventilator mirwaha *(w)* / -āt
verabschieden, sich wāda*, yiwādi*
verantwortlich mas'ūl / -īn
verboten mamnū*
Verbrechen dscharīma *(w)*/ dscharā'im
vergessen nisa, yinsa
verheiratet mitzawwidsch
verkaufen bā*, yibī*
verlangen tilab, yitlub, utlub!
verlängern tawwal, yitawwil
verletzt madschrūh
Verletzung dscharha *(w)* / dschurūh
verlieren (etw.) zayya*, yizayyi*
verrückt mchabbal; madschnūn
Versicherung ta'mīn
verspäten, sich t'achchar, yit'achchar
verstehen fiham, yifham; ftiham, yiftihim
versuchen hāwal, yihāwil, hāwil!
verwenden sta*mal, yista*mil
Verzeihung! il-*afwu!; *afwan!
viel kathīr; hawāya
vielleicht yimkin
Viertel (Stadt-) hay / ahyā'
Visum ta'shira; fīza
Vogel tair / tyūr
Volk scha*b / schu*ūb
voll malyān
von min
vor (örtl.) giddām
vor (zeitl.) gabul
vorbereiten hazzar, yihazzir, hazzir!
vorgestern awwal ilbārih
Vormittag gabul iz-zuhur
Vorname isim awwal
Vorschlag muqtarah / -āt

W

Waage mīzān
wahr sahīh, a.: sahh
Wahrheit hagīga *(w)*
Wald ghāba *(w)* / -āt
wann? yamta?; schgad waqit?
war (Verb) tschān
Ware bizā*a *(w)* / bazāyi*
warm dāfī
warten ntizar, yintizir, intizir!
warum? liēsch?; ilwēsch?
was? schinū?; sch (+ Verb)
waschen (etw./jmd.) ghisal, yighsil, ighsil!
Wasser mai
Wasserpfeife nardschīla
Watte qutun
wechseln ghayyar,

yighayyir, ghayyir!
wechseln (Geld) sarraf, yisarrif, sarrif!
wecken ga**ad, yiga**id
Wecker munabih / -āt
Weg tarīq / turuq
wegen lischān
weil li'ann
weinen bika, yibkī
Wein sharāb
weit ba*īd
welche(r) illī, a.: iladhī
welche(r)? ay?; yā?
Welt *ālam; dinya
wenig qalīl
wenn (falls) idha
wer? min ?
Westen gharb
westlich gharbī
Wetter dschau
wichtig muhimm
wie (Vergleich) mithil
wie? kēf?
wieder marra *(w)*
wiederholen karrar, yikarrir, karrir!
wie viel? (Preis) biēsch
wie weit? schgad il-masāfa?
Wind hawa
Winter schita
winterlich schitwī
wir ihna
wissen *iraf, yi*ruf
wo? wēn?
Woche isbū* / asābī*
woher? minēn?
wohin? li-wēn?
wohnen sikan, yiskun
Wohnung schuqqa *(w)* / schuqaq
Wolle sūf
Wort kilma *(w)* / -āt
Wörterbuch qāmūs / qawāmīs
Wunde dscharih / dschrūh
wünschen tmanna, yitmanna
Wüste sahra *(w)* / sahārī

Z

Zahl *adad / a*dād
zählen *add, yi*idd, *idd!
Zahnarzt tabīb asnān
Zahnbürste furtscha *(w)* asnān / -āt
Zahncreme ma*dschūn asnān
Zeichen ischāra *(w)* / -āt
zeigen rāwa, yirāwī, rāwī!
Zeit waqit / auqāt
Zeitraum mudda *(w)*
Zeitung dscharīda *(w)* / dscharāyid
Zelt chēma *(w)* / chiyam
zelten chayyam, yichayyim
Zentrum markaz / marākiz
zerbrechen (etwas) kisar, yiksir
zerbrechen nkisar, yinkisar
zerbrochen maksūr; munkasir
Zeuge schāhid / schuhūd
Ziel hadaf / ahdāf
Zigarette dschigāra *(w)* / dschigāyir
Zimmer ghurfa *(w)* / ghuraf
Zoll gumruk
Zollbehörde gamārik
zu Fuß bi-ridschil
Zukunft mustaqbal
zurück li-wara
zurückgeben radschdscha*, yiradschdschi*, radschdschi*!
zurückkommen ridscha*, yirdscha*, irdscha*!
zusammen (einander) ma*a ba*z
zweifelsohne bidūn schakk
zwischen bēn
zwischen ... und ... bēn ... wu-bēn ...

Wörterliste Irakisch – Deutsch

A

ab / abā' Vater
abadan niemals
ach / uchwān Bruder
achadh dusch, yāhudh duschen, sich
achadh, yāchudh, chudh! nehmen
āchar *(m)* / **uchrā** *(w)* andere(r)
achīr, achīra letzte(r)
***āda** *(w)* / **-āt** Gewohnheit
***āda** *(w)* / **-āt** Sitte
***adad / a*dād** Zahl
***adad min / a*dād** Anzahl (von)
***ādatan** gewöhnlich
***ādatan** normalerweise
***add, yi*idd, *idd!** zählen
***ādī** normal
***adschīb** merkwürdig
adschir Lohn
adschnabī / adschānib Ausländer
***afwan** bitte (Antwort auf „danke"); Verzeihung!
ah! aua!
ahil *(Mz)* Familie; Einwohner
ahsan besser
akū gibt, es
akal, yākul essen
akīd sicher (überzeugt)
akil / aklāt Essen (Speise)
akthar min mehr (als)
***ala,** a.: ***al-** auf
***ala kēfak!** *(m)* langsam, langsam!
alam, / ālām Schmerz
***ālam** Welt
***ālī** hoch
allāh Allah, Gott
almānī deutsch
almānī / almān Deutscher
almāniya *(w)* Deutschland
***āmil / *ummāl** Arbeiter
***amīq** tief
***amm** Onkel (Bruder des Vaters)
***amma / -āt** Tante (Schwester des Vaters)
āni ich
āni *argān ich schwitze
āni mit'akkid ich bin mir sicher
āni mit'assif es tut mir leid
ānisa / -āt Fräulein
***aqūba** *(w)* / **-āt** Strafe
***arabī** arabisch
***arabī / (il-)*arab** Araber
***arīz** breit
***arūs** Braut
arz Erde
asad / usūd Löwe
***āsch, yi*īsch** leben
***aschīra** *(w)* / ***aschā'ir** (Volks-)Stamm
***āsima** *(w)* / ***awāsim** Hauptstadt
***askarī** militärisch
***atīg** alt (Sache)
atmannā hoffentlich
atrasch taub
***atschān** durstig
au oder
***auda** *(w)* Rückkehr
awwal ilbārih vorgestern
ay? welche(r)?
***azab / *izbān** ledig

B

bēn zwischen
bēn ... wu-bēn ... zwischen ... und ...
būsa *(w)* / **-āt** Kuss
bēt / buyūt Haus
bā*, yibī* verkaufen
ba*ad nach (zeitl.)
ba*ad iz-zuhur Nachmittag
ba*ad schwayya bald
ba*d über (zeitl.)
ba*dēn danach
ba*īd weit
bāb / abwāb Tür
bābil Babylon
bachīl / buchalā' geizig
badal anstatt

baddal, yibaddil, baddil! umtauschen
bāg min, yibūg stehlen (von jmd.)
baghdād *(w)* Bagdad
bahar / buhūr Meer
bākēt (sghayyir) / -āt Päckchen (z. B. Zigaretten)
bākēt / -āt Paket
balad / bilād Ort(schaft)
balāsch kostenlos
balī ja
bālkōn / -āt Balkon
bank / bunūk Bank
banzīn Benzin
banzīnchāne *(w)* Tankstelle
baqara / baqar Kuh
bard Kälte
bārid kalt, kühl
barīd Post
bārk / -āt Park
barmīl / barāmīl Fass
barnāmidsch, barāmidsch Programm
barra außerhalb, draußen
bās / -āt Bus
basīt einfach, leicht (Sache)
bass nur
battāniya *(w)* **/ -āt** (Woll-)Decke
bawwāg Dieb
bazzūna / bizāzīn Katze
biēsch wie viel? (Preis)
bi- für; in
bī'a *(w)* Umwelt
bidūn ohne
bidūn fāyda nutzlos
bidūn mā ohne dass (vor Verben)
bidūn schakk zweifelsohne
bi-dschānib neben (örtl.)
bika, yibkī weinen
bi-kull ahwāl jedenfalls
bi-kull makān überall
bilād / buldān Land
bilād mā bēn in-nahrēn Mesopotamien
bilastīk Plastik
bil-barīd il-dschauwī per Luftpost
bil-lēl nachts
bil-masā' abends
bin-nahār tagsüber
bint / banāt Mädchen; Tochter
bint ach Nichte
bint *amm Cousine
bint chāl Cousine
bint uchut Nichte
bīr / ābār Brunnen
bīra *(w)* Bier
bi-ridschil zu Fuß
bis-subuh morgens
bi-sur*a! schnell!
bitāqa *(w)* **/ -āt** Fahrkarte
bizā*a *(w)* **/ bazāyi*** Ware
biz-zabit genau
biz-zuhur mittags
bostkārt / -āt Ansichtskarte
brāfō! bravo!
btida, yibtidī, ibtidi! beginnen
buhēra *(w)* **/ -āt** See (der)
burdsch, abrādsch Turm
butul / btāla Flasche

chēl (Gatt.) Pferde
chēma *(w)* **/ chiyam** Zelt
chabar / achbār Nachricht
chabbar, yichabbir, chabbir! benachrichtigen
chāf min, yichāf Angst haben, sich fürchten vor
chafīf dünn, leicht
chāl Onkel (Br. d. Mutter)
chāla / -āt Tante (Schwester d. Mutter)
challa, yichallī, challi! (etw.) lassen; legen
challas, yichallis aufhören
challas, yichallis, challis! beenden
chamr / chumūr Alkohol
chanzīr / chanāzīr Schwein
charīf Herbst
charīta *(w)* **/ charāyit** Landkarte
chasāra *(w)* **/ chasā'ir** Schaden
chāschūga *(w)* **/ -āt** Löffel
chaschab Holz
chatar Gefahr

chaṯīr gefährlich
chaṯṯ / chuṯūṯ Linie
chāulī / chawālī Handtuch
chayyam, yichayyim zelten
chirbān kaputt, zerbrochen
chōf Angst, Furcht
chorda *(w)* Kleingeld
chosch gut (Mensch)
chtār, yichtār etwas auswählen
chuṣūṣī privat
chuṭṭa *(w)* / **chuṭaṭ** Plan

D

da*wa *(w)* Einladung
dabbar, yidabbir, dabbir! organisieren
dachchan, yidachchin, dachchin! rauchen
dāchil innerhalb
dāfī warm
daftar / difātir Heft
dagg *ala, yidigg, digg! (an)klopfen
dagg idsch-dscharas, yidigg, digg! klingeln
daktōr Arzt
daqīqa *(w)* / **daqāyiq** Minute
daradsch Treppe
darras, yidarris, darris! lehren
dāyman immer
dhahab Gold
dhāk il-waqit damals
dhakī intelligent
dhakkar, yidhakkir, dhakkir! erinnern (jmd.)
dhāq, yidhūq, dhūq! probieren
dhikra *(w)* Erinnerung
di*a, yid* rufen
dichal, yidchul, udchul! eintreten
didschla *(w)* Tigris
difa*, yidfa*, idfa*! bezahlen
dīn / adyān Religion
dinya Welt
diras, yidrus, udrus! studieren
dirzan Dutzend
dschū* Hunger
dschēb / dschyūb Tasche (Kleidung)
dschēsh / dschyūsh Armee
dschāb, yidschīb, dschīb! bringen
dschāb, yidschīb, dschīb! holen
dschabal / dschibāl Berg
dschadīd modern, neu
dschāhiz fertig
dschām Glas
dschamal / dschimāl Kamel
dschāmi*a *(w)* / **-āt** Universität
dschamīl schön
dschānib / dschawānib Seite
dschunṭa *(w)* / **dschunaṭ** Koffer; Tasche
dscharas Klingel
dscharḥa *(w)* **dschurūḥ** Verletzung
dscharīda *(w)* / **dscharāyid** Zeitung
dschariḥ / dschrūḥ Wunde
dscharīma *(w)* / **dscharā'im** Verbrechen
dscharrab, yidscharrib ausprobieren
dscharsōn Kellner
dschau Wetter
dschāwab, yidschāwib, dschāwib! antworten
dschawāz / -āt Pass
dschazira *(w)* / **-āt** Insel
dschibāl Gebirge
dschidd / adschdād Großvater
dschidda / -āt Großmutter
dschigāra *(w)* / **dschigāyir** Zigarette
dschildī ledern
dschilid Leder
dschinūb Süden
dschinūbī südlich
dschinsiya *(w)* Nationalität Staatsangehörigkeit
dschīr / dschīrān Nachbar
dschisir / dschusūr Brücke
dschō*ān / -īn hungrig

dschumhūriya *(w)* / **-āt** Republik
dschumla *(w)* / **dschumal** Satz (gramm.)
dschunat *(Mz)* Gepäck
dschundī / **dschinūd** Soldat
dschuwāb Antwort
dschuwwa innen, innerhalb
duchān Rauch
duchūl Eingang
dukkān / **dikākīn** Geschäft, Laden
dūlāb / **dawālīb** Schrank
dulār / **-āt** Dollar
dūnī schlecht
dusch Dusche
duwa *(w)* Medikament

E / F

***ēb** Schande
***ēn** / ***uyūn** Quelle
fadd ahad irgendwer
fadd makān irgendwo
fadd schī irgend etwas
fahus Untersuchung (Arzt)
fakkar fī, yifakkir, fakkir! nachdenken (über)
fallāh / **-īn** Bauer
fann / **fnūn** Kunst
fannān / **-īn** Künstler
faqīr / **fuqarā'** arm
fār / **firān** Maus
farhān froh
farig / **furūg** Unterschied
fasil / **fusūl** Jahreszeit
fattasch, yifattisch, fattisch! kontrollieren
fawwar, yifawwir kochen (Wasser)
fāyda *(w)* Nutzen
fazī frei, leer
fī in
fiham, yifham verstehen
fihas, yifhas, ifhas! untersuchen
fikra *(w)* / **afkār** Idee, Gedanke
findschān / **fanādschīn** Tasse
fitah, yiftah, iftah! öffnen
fīza Visum
fizza *(w)* Silber
flūs *(Mz)* Geld
fōg oben, über
frāsch / **frūsch** Bett
ftiham, yiftihim verstehen
ftikar, yiftikir denken
furtscha *(w)* **asnān** / **-āt** Zahnbürste
futūr Frühstück

G

gaad, yiga**id** wecken
gabul bevor
gabul vor (zeitl.)
gabul iz-zuhur Vormittag
gahh, yiguhh husten
gahha *(w)* Husten
gahwa *(w)* Kaffee
gāl, yigūl, gul! sagen
gām, yigūm, gūm! aufstehen
gamārik Zollbehörde
gass, yiguss, guss! schneiden
gbāl gegenüber (örtl.)
ghēr außer
ghāba *(w)* / **-āt** Wald
ghabī dumm
ghada Mittagessen
ghalat falsch (eine Sache)
ghālī teuer
ghanī / **-yīn** reich (Mensch)
gharb Westen
gharbī westlich
ghayyar, yighayyir, ghayyir! wechseln
ghisal, yighsil, ighsil! waschen
ghurfa *(w)* / **ghuraf** Raum, Zimmer
ghurfat in-nōm / **ghuraf** Schlafzimmer
gi*ad, yig*ad, ig*ad! setzen, sich
gidar, yigdar können (vermögen)
giddām vor (örtl.)
glāda *(w)* Kette (Hals-)

glās / -āt Glas (Trink-)
glōb / -āt Glühbirne
gubal geradeaus
gumruk Zoll

H

hā! ach so!
habb, yihibb lieben
habba *(w)* / **hubūb** Tablette
hadaf / ahdāf Ziel
hādha / hādhi / hādhōla dies(er/e/e)
hadhāk / hadhītsh / hadhōlak jener(e,e)
hadīd Eisen
hadīqa *(w)* / **hadāyiq** Garten
hādith il-murūr / hawādith Unfall
hadiya *(w)* / **hadāya** Geschenk
hadschara *(w)* / **hidschār** Stein
hadschim Größe (Kleidg.)
hafla *(w)* / **-āt** Feier, Fest
hagīga *(w)* Wahrheit
hālan sofort
hallāq / -īn Friseur
hāmiz sauer
hamm auch
hammām / -āt Bad; Toilette
hammaz filim, yihammiz entwickeln (Film)
hannā, yihannī gratulieren
haqal / huqūl Feld
haqq / huqūq Recht
harāra Fieber
harb / hurūb Krieg
harf / hurūf Buchstabe
harir Seide
hārr heiß, scharf
hassa jetzt
hawa Luft; Wind
hāwal, yihāwil, hāwil! versuchen
hawālī ungefähr
hawiya *(w)* / **-āt** Ausweis; Wind
hay / ahyā' (Stadt-)Viertel
hayāt *(w)* Leben
hayawān / -āt Tier
hazīn traurig
hazz Glück
hazzar, yihazzir, hazzir! vorbereiten
hidschaz, yihdschaz, ihdschaz! reservieren
hilū süß
himal, yihmil, ihmil! tragen; transportieren
himar / hamīr Esel
hina hier
hināk dort
hināya hier
hisāb / -āt Rechnung
hitādsch, yihtādsch brauchen
hitscha, yihtschī, ihtschi reden, sprechen
hiyya sie *(Ez)*
hizām / ahzima Gürtel
hizib / ahzāb Partei
hudūd *(Mz)* Grenze
hukūma *(w)* / **-āt** Regierung
humma sie *(Mz)*
hurr frei (Person)
hurriya Freiheit
huwwa er

I

ibin *amm / ibin chāl Cousin
ibin / abnā' Sohn
ibin ach / ibin uchut Neffe
ichrādsch Ausfuhr
***īd / a*yād** Feiertag
idhā falls, wenn
idscha, yidschī kommen
idschāza *(w)* / **-āt** Genehmigung; Urlaub
idschāzat *(w)* **siyāqa** Führerschein
***īd milād** Geburtstag (Fest)
'īh ja
ihna wir
ikrāmiya *(w)* Trinkgeld
il-*afwu! Verzeihung!, Entschuldigung!
il-*irāq Irak

ila nach (örtl.)
ilbārha, a.: **imbārha** gestern
il-basra *(w)* Basra
il-chalīdsch il-*arabī Arabischer Golf
il-furāt Euphrat
il-indschīl Bibel
il-kuwēt Kuwait
illī, a.: **iladhī** welche(r)
il-masīhiya *(w)* Christentum
il-mōsil Mossul
il-qur'ān (il-karīm) Koran
il-urdun Jordanien
il-yahūdiya Judentum
ilathī welche(r)?
iltihāb Entzündung
ilyōm, a.: **halyōm** heute
ilwēsch? warum?
***ind (+ bes.)** haben
***inda**, a.: ***ind-** bei
***indak haqq** Sie haben recht
influanza Grippe
inglīzī englisch
inglīzī / inglīz Engländer
in-nimsa *(w)* Österreich
innuh dass
insān / nās Mensch
inta *(m)* / **inti** *(w)* du
***inwān / *anāwīn** Adresse
iqāma *(w)* Aufenthalt
***iraf, ya*ruf** kennen, wissen
***irag, yi*rag** schwitzen
irān Iran
***irāqī** irakisch
***irāqī / -yīn** Iraker
***irrīs** Bräutigam
***irs** Hochzeit
irtāh, yirtāh ausruhen, sich
isbū* / asābī* Woche
***ischā** Abendessen
ishāl Durchfall
ischāra *(w)* **/ -āt** Zeichen
isch-schī*a *(w)* Schiiten
isim / asāmī' Name
isim awwal Vorname
islām Islam
islāmī islamisch
is-sa*ūdiya Saudi-Arabien
is-sunna *(w)* Sunniten
istirāha *(w)* **/ -āt** Pause
***izam li, ya*zim** einladen
ittidschāh / -āt Richtung

K

kabīr groß
kabīr / kbār alt (Mensch)
kadhdhāb / -īn Lügner
kaffī genug
kahrabā'ī elektrisch
kallaf, yikallif kosten (Preis)
kallam bit-talafōn, yikallim telefonieren
kāmira / -āt Kamera
kanīsa *(w)* **/ kanāyis** Kirche
karrar, yikarrir, karrir! wiederholen
kārt / -āt Postkarte
kaslān faul
katab, yiktub, uktub! schreiben
kathīr, hawāya viel
kawī, yikwī bügeln
kēf? wie?
kilma *(w)* **/ -āt** Wort
kīs / akyās Plastiktüte
kisar, yiksir (sich) erbrechen
kitāb / kutub Buch
kitāb rasmī Bescheinigung
kidhab, yikdhib lügen
kidhb Lüge
kubur Größe (Kleidung)
kull alle, jede(r)
kull schī alles
kull waqit immer, jederzeit
kull yōm täglich
kursī / karāsī Stuhl
kuwētī kuwaitisch

L

lēla *(w)* **/ lyūl** Nacht
lā schī nichts
lā, a.: **lā' (betont)** nein
lākin aber
lamba *(w)* **/ -āt** Lampe; Glühbirne

Wörterliste Irakisch – Deutsch

lamma als (zeitl.)
lāzim müssen; sollen
lhad bis (zeitl.)
liēsch? warum?
li*ab, yil*ab, il*ab! spielen
li- für
li'ann weil
libas, yilbas anziehen, sich
liga, yilga finden (etw./jmd.)
lihdscha *(w)* **/ -āt** Dialekt
likay damit
lischān wegen; damit; für
li-wēn? wohin?
li-wara zurück
lōn / alwān Farbe
lugha *(w)* **/ -āt** Sprache

M

mā yichālif! macht nichts!
ma*a mit
mā* n / mawā*īn Teller
ma*a ba*z zusammen
ma*a s-salāma! tschüß!
ma*dschūn asnān Zahncreme
ma*na Bedeutung
mabrūk! Glückwunsch!
machbaz / machābiz Bäckerei
machradsch; churūdsch Ausgang
madchal Eingang
m'addab / -īn höflich
madīna *(w)* **/ mudun** Stadt
madschdschanan kostenlos
madschnūn verrückt
madschrūh verletzt
madrassa *(w)* **/madāris** Schule
maftūh offen, geöffnet
māhad keine(r), niemand
mahatta *(w)* **/ -āt** Haltestelle
mahattat il-bās / -āt Bushaltestelle
mahbas / mahābis Ring
mahdschūz besetzt
mai Wasser
makān / -āt Ort (Platz)
makīna *(w)* **/ makāyin** Maschine
maksūr kaputt, zerbrochen
maktab / makātib Büro
maktab il-barīd / makātib Postamt
mākū fāyida nutzlos
malābis *(Mz)* Kleidung
malli, yimalli, malli! füllen
malyān voll
mamnū* verboten
maq*ad / maqā*id Sitzplatz
maqbara *(w)* **/ maqābir** Friedhof
mara / nisā' Frau
maraz / amrāz Krankheit
marīz krank
mārk almānī D-Mark
markab / marākib Schiff
markaz / marākiz Zentrum
markaz isch-schurta / marākiz Polizei (Behörde)
marra *(w)* wieder
marra uchrā nochmals
marrāt manchmal
marrāt *(w)* **kathīra** oft(mals)
mas'ūl / -īn verantwortlich
masā' Abend
masā'an abends
masdūd geschlossen
masdschid / masādschid Moschee
maschghūl besetzt (Telefon)
mashhūr berühmt, bekannt
masrah / masārih Theater
mat*am / matā*im Restaurant
māt, yimūt sterben
matar Regen
matār / -āt Flughafen
matbach / matābic Küche
mathaf / matāhif Museum
matōrsikl / -āt Motorrad
mauqi* Lage (geogr.)
maut Tod
mawādd ghidhā'iya Lebensmittel
mayyit tot
mchabbal verrückt

mēwa *(w)* Obst
mēz / myūz Tisch
miftāh / mafātīh Schlüssel
mimbar Gebetskanzel
min als (Vergleich); aus; seit; von
minū? wer?
min fazlak! *(m)* bitte!
minēn? woher?
min waqit früh
min zamān seit langem
mināra *(w)* **/ -āt** Minarett
minfaza *(w)* **/ manāfiz** Aschenbecher
mirwaha *(w)* **/ -āt** Ventilator
mischit / mschāt Kamm
mit*achchir spät
mit'akkid sicher (überzeugt)
mithil ähnlich; wie (Vergleich)
mitzawwidsch verheiratet
mīwa *(w)* Obst
mīzān Waage
mqaddas heilig
mū ma*rūf unbekannt
mū mumkin unmöglich!
mū muschkila! kein Problem!
mū zēn schlecht
mu*allim / -īn Lehrer
mu'aththin Muezzin
mudarris / -īn Lehrer
mudawwar rund
mudda *(w)* Zeitraum
mudīr / mudarā' Chef, Direktor
mufīd nützlich
mughādara *(w)* Ausreise
muhandis / -īn Ingenieur
muhimm interessant, wichtig
mulawwan bunt
muluk / amlāk Eigentum
mumill langweilig
mu'min / -īn gläubig (religiös)
mumkin möglich
mumtāz ausgezeichnet
munabih / -āt Wecker
muntazih / -āt Park
muqtarah / -āt Vorschlag
murr bitter
mursil Absender
musā*ada *(w)* **/ -āt** Hilfe
musāfir / -īn Reisender
muschkila *(w)* **/ maschākil** Problem
musīqa Musik
musta*dschil / -īn eilig
mustahīl unmöglich!
mustaqbal Zukunft
mustaschfa *(w)* **/ yāt** Krankenhaus
mutachallif rückständig
mutardschim / -īn Dolmetscher, Übersetzer
muwāfiq einverstanden
muwazzaf / -īn Angestellter, Beamter

N

nā*am ja
nabī / anbiyā' Prophet
nachla *(w)* **/ nachal** Palme
nadī nass
nadschma *(w)* **/ nudschnūm** Stern
nafut Erdöl
nahār Tag (Ggs.: Nacht)
nahar / anhur Fluss
nahw Grammatik
nām, yinām, nām! schlafen
nār Feuer
nardschīla Wasserpfeife
nās *(Mz)* Leute
naschla *(w)* Erkältung
nau*iya *(w)* Qualität
nazāfa *(w)* Sauberkeit
nazīf sauber
nazzaf, yinazzif, nazzif! reinigen, säubern
nidschāh Erfolg
nimsāwī / -yīn Österreicher
nisa, yinsa vergessen
niza* , yinza* ausziehen, sich
nizal min, yinzil aussteigen (aus)
nkisar, yinkisar zerbrechen
nōm Schlaf

Wörterliste Irakisch – Deutsch

nṯa, yinṯī, nṯī! geben
nṯiẕar, yinṯiẕir, inṯiẕir! warten
nuẖās Kupfer
nūr Licht
nus̱rānī / nas̱ārā Christ
nus̱uf il-lēl Mitternacht
nus̱uf, a.: **nus̱s̱** Hälfte
nus̱uf, a: nus̱s̱ halb

Q

qabīẖ / qbāẖ hässlich (Mensch)
qadīm alt (Sache)
qalam / aqlām Bleistift Kugelschreiber
qalīl wenig
qāmūs / qawāmīs Wörterbuch
qamar Mond
qānūn / qawānīn Gesetz
qarīb nahe
qariya *(w)* **/ qurā** Dorf
qas̱īr kurz
qawī stark
qibla *(w)* Gebetsrichtung
qīma *(w)* **/ qiyam** Preis
qira, yiqra, iqra! lesen
qital, yiqtul, uqtul! töten
qumāsch Stoff
qundara *(w)* **/ qanādir** Schuh
qundartshī / -yīn Schuhmacher
qus̱uliya *(w)* **/ -āt** Konsulat
qurb Nähe
quṯun Baumwolle, Watte
quṯur Land (Irak)

R

rabī* Frühling
rachīs̱ billig
radiyō Radio
radschdscha*, yiradschdschi*, radschdschi*! zurückgeben
rafī* dünn
raghum hādha trotzdem
rāẖ, yirūẖ, rūẖ! fahren, gehen
rāẖa *(w)* **/ -āt** Pause
rā'ī Meinung
ramaḻ Sand
raqam / arqām Nummer
raschwa *(w)* **/ -āt** Bestechung
rasmī offiziell
rātib / rawātib Gehalt
ratschēta *(w)* **/ -āt** Rezept
rāwa, yirāwī, rāwī! zeigen
rayyūg Frühstück
ridscha*, yirdscha*, irdscha*! zurückkommen
radschil / riyādschīl Mann
rīf Land (Dorf)
rigas̱, yirgus̱, urgus̱! tanzen
rigis̱ Tanz
riẖla *(w)* **/ -āt** Ausflug; Reise
rikab, yirkab, irkab! einsteigen
risal, yirsil, irsil! schicken
risāla *(w)* **/ rasāyil** Brief
risāla *(w)* **/ rasāyil musadschdschala** Einschreibebrief
risam, yirsim, irsam! malen
riyāẕa *(w)* Sport
ruznāme Kalender

S

sā*a *(w)* **/ -āt** Stunde, Uhr
sā*ad, yisā*id, sā*id! helfen
s̱a*b kompliziert, schwierig
s̱āẖib / as̱ẖāb Freund
sa*īd glücklich
s̱ābūn Seife
sabab / asbāb Anlass
sabab / asbāb Grund
s̱abar, yis̱bur, us̱bur! Geduld haben
s̱abrī geduldig
s̱abur Geduld
sadd, yisidd, sidd! schließen

sadīq / sudqān Freund
sadschdschal, yisadschdschil, sadschdschil! registrieren
safar / -āt Reise
sāfar, yisāfir reisen
safīr / sufarā' Botschafter
sāg, yisūg, sūg! steuern (z. B. Auto)
saghīr klein
saghīr / sghār jung
sāh, yisīh, sīh! rufen, schreien
sāha *(w)* **/ -āt** Platz (geogr.)
sahh richtig
sahha *(w)* Gesundheit
sāhib / ashāb Besitzer
sahīh, a.: **sahh** wahr
sahil, a.: **sahl** einfach, leicht (Sache)
sahra *(w)* **/ sahārī** Wüste
saidaliya *(w)* **/ -āt** Apotheke
sākin / sukkān Einwohner
sakrān / -īn betrunken
salām Frieden
salām / -āt Gruß
salāt *(w)* Gebet
sālih li gültig (bis)
salla, yisallī, salli! beten
sallah, yisallih, sallih! reparieren
sallam *ala, yisallim grüßen (jmd.)
sām, yisūm, sūm! fasten
samā' *(w)* Himmel
sana *(w)* **/ sinīn** Jahr
sanawī jährlich
sandūg / sanādīg Kasten
sandūg il-barīd / sanādīg Briefkasten
sarī* schnell
sarrāf / -īn Geldwechsler
sarraf, yisarrif, sarrif! wechseln (Geld)
satah / sutūh Dach
sawwa, yisawwī machen
sawwar, yisawwir, sawwir! fotografieren
sāyih / suwwāh Tourist
sāyiq / / -īn Fahrer
sayyāra *(w)* **/ -āt** Auto
sayyid / sāda Herr (Anrede)
sayyida / -āt Frau (Anrede)
scha*ar Haar
scha*b / schu*ūb Volk
schab*ān / -īn satt
schabāb Jugend
schābb / schubbān Jugendlicher
schachus / aschchās Person
schadschara *(w)* **/ schadschar** Baum
schāf, yischūf, schūf! schauen, sehen
schahar / aschhur Monat
schāhid / schuhūd Zeuge
schahīd / schuhadā Märtyrer
schakwā *(w)* **/ schakāwā** Anzeige, Beschwerde
scham*a *(w)* **/ schumū*** Kerze
schams Sonne
scharāb Wein
schāri* / schawāri* Straße
scharika *(w)* **/ -āt** Firma
scharq Osten
scharqī östlich
schētān Teufel
schgad il-masāfa? wie weit?
schgad waqit? wann?
schī etwas
schī / aschyā' Ding, Sache
schī*ī / -yīn Schiit
schikar, yischkur danken
schimāl Norden
schimālī nördlich
schinū?, a.: **sch** (+ Verb) was?
schirab, yischrab, ischrab! trinken
schirah, yischrah erklären
schita Winter
schitwī winterlich
schtakā min, yischtakī beschweren, sich (über)
schtighal, yischtughul arbeiten
schtira, yischtirī kaufen
schubbātsch / schibābītsch Fenster

Wörterliste Irakisch – Deutsch

schughul Arbeit
schukran! danke!
schuqqa *(w)* / **schuqaq** Wohnung
schurta *(w)* Polizei
schurtī / **-yīn** Polizist
schwayya bisschen
sēf Sommer
sghēr / **sghār** jung
schēch / **schuyūch** Scheich
si*r / **as*ār** Preis
si'al, yis'al, is'al! fragen
sibah, yisbah schwimmen
sidschdschāda / **-āt** Teppich
sidschin / **sidschūn** Gefängnis
sifāra *(w)* / **-āt** Botschaft
sikan, yiskun wohnen
sikat, yiskit, iskit! schweigen
silsila *(w)* Kette
sima*, yisma*, isma*! hören
simah li, yismah, ismah! erlauben (jmd. etw.)
sinā*a *(w)* / **-āt** Industrie
sīnama *(w)* Kino
sitschtschīn / **satschātschīn** Messer
siyām Fasten
siyāsa *(w)* Politik
siyāsī politisch
sōt / **aswāt** Stimme

sta*dschar, yista*dschir mieten
sta*mal, yista*mil benutzen, verwenden
stilam, yistilim erhalten
su*ūba *(w)* / **-āt** Schwierigkeit
su'āl / **as'ila** Frage
sudug gewiss
sūf Wolle
sūg / **aswāg** Basar, Markt
sūra *(w)* / **suwar** Bild, Foto
sunnī / **yīn** Sunnit
swisra Schweiz
swisrī / **yīn** Schweizer

T

ta*ām Essen (Speise)
t*arraf *ala, yit*arraf kennenlernen (jmd.)
ta*āl! *(m)* komm her!
ta*ām, akil Speise
ta*bān / **-īn** müde
tab*an! natürlich!
tabī*a *(w)* Natur
tabī*ī natürlich
tabīb asnān Zahnarzt
tabīb Arzt
tābiq / **tawābiq** Etage
t'achchar, yit'achchar verspäten, sich
tādschir / **tudschdschār** Händler
tafazzal! *(m)* bitte!

taftīsh Kontrolle
tahan, yithan mahlen
tahānī! Glückwunsch!
tahat unten, unter
tahmīz wu-tab* Entwicklung (Film)
tair / **tyūr** Vogel
taksi Taxi
talab / **-āt** Bitte
talafōn Telefon
tālib / **tullāb** Student
ta'mīn Versicherung
t'ammal, yit'ammal hoffen
tamra *(w)* / **tumūr** Dattel
taqātu* / **-at** Kreuzung
taqriban ungefähr
tardscham, yitardschim dolmetschen, übersetzen
tārīch Datum
tarīq / **turuq** Weg
ta'schira Visum
taslīh / **-āt** Reparatur
tauqī* Unterschrift
tawīl lang
tawwal, yitawwil verlängern
tayyāra *(w)* / **-āt** Flugzeug
tāze frisch (Obst, Gemüse)
tbāwas, yitbāwis küssen
tfarradsch, yitfarradsch, tfarradsch! umsehen, sich
tghadda, yitghadda zu Mittag essen
thachīn / **thichān** dick

thagīl schwer (Gewicht)
thalidsch Schnee; Eis (gefr. Wasser)
thallādscha *(w)* / **-āt** Kühlschrank
thāniya *(w)* / **thawānī** Sekunde
tibach, yitbuch kochen (Speise)
tifil / **atfāl** Kind
tilab, yitlub, utlub! bitten; verlangen
tīn Lehm
tithlidsch schneit, es
titin Tabak
tmanna, yitmanna wünschen
trayyag, yitrayyig, trayyig! frühstücken
tschaffiya *(w)* / **tschifāfī** Taschentuch
tschāi Tee
tschākūtsh / **tschawākītsch** Hammer
tschalib / **tschilāb** Hund
tschān war (Verb)
tschatal / **-āt** Gabel
tschēk / **tschkūk** Scheck
tschēk māl safar / **-āt** Reisescheck
tthakkar, yitthakkar erinnern, sich
tualit Toilette
tumtur regnet, es
tzawwadsch, yitsawwidsch heiraten

U

ubra *(w)* / **ubar** Spritze
uchut / **chawāt** Schwester
udschra *(w)* Miete; Fahrpreis; Porto
ughniya *(w)* / **aghānī** Lied
***umla** *(w)* **ma*daniya** / **-āt** Münzgeld
***umla** *(w)* **sa*ba** / **-āt** Devisen
umm / **ummahāt** Mutter
***umur** Alter (Lebens-)
***uqub bātschir** übermorgen
urdunī jordanisch
urubba Europa
urubbī europäisch
utēl / **-āt** Hotel
***utla** *(w)* Ferien

W

wāda*, yiwādi* verabschieden, sich
wādī / **widyān** Tal
wāha *(w)* / **-āt** Oase
wāhid / **wihda** ein(er/e)
walad / **wulid** Junge; Kellner
walī / **auliyā'** Heiliger
wālid Vater
wālida / **-āt** Mutter
waqit / **auqāt** Zeit
waqqa*, yiwaqqi*, waqqi*! unterschreiben
wara hinten, hinter
waraq / **aurāq** Blatt, Papier
wasat Mitte
wasich schmutzig
wasl / **wusūlāt** Quittung
wassa, yiwassī, wassi! bestellen
wassal, yiwassil, wassil! hinbringen (jmd.)
watanī national
wazin Gewicht
wazīr / **wuzarā'** Minister
wēn? wo?
widā* Abschied
wīya mit
wizāra *(w)* / **-āt** Ministerium
wu-, a.: **w-** und
wugaf, yūgaf, guf stehen anhalten
wusūl Ankunft
wusal ila, yūsal ankommen
wusla *(w)* Stück

Y

yā? welche(r)?
yā allāh! Donnerwetter!
ya*nī das heißt
yābis trocken

yahdī jüdisch
yahūdī / yahūd Jude
yalla! los, schnell!
yamīn rechts
yamta? wann?
yasār links
yawāsh langsam
yimkin vielleicht
yōm / ayām Tag
yōmiyan täglich

Z

zābut / zubbāt Offizier
zahak, yizhak lachen
zahra / zuhūr Blume
zamīl / zumalā' Kollege
zann, yizinn meinen
zarūrī notwendig
zār, yizūr besuchen
zarf / zurūf Briefumschlag
zau' Licht (Ggs.: Schatten)
zawādsch Heirat
zāyiq eng
zēf / zuyūf Gast
zēn gut
zayya*, yizayyi* verlieren (etw.)
zayyaq, yizayyiq belästigen (jmd.)
zibl Müll
zidd gegen
zill Schatten
zirā*a *(w)* Landwirtschaft
zirab, yizrub schlagen
ziyāfa *(w)* Gastfreundschaft
ziyāra *(w)* **/ -āt** Besuch
zōdsch / azwādsch Ehemann
zōdsch / azwādsch Paar
zōdscha *(w)* **/ -āt** Ehefrau
zuhur Mittag

Literaturliste zum irakischen Dialekt

Spoken Iraqi Arabic. Holt (USA) 1949 (Lehrbuch in englischer Sprache, nur in Bibliotheken erhältlich)

Grundzüge der Grammatik des arabischen Dialektes von Bagdad. Wiesbaden 1963 (wissenschaftliche Grammatik, nur in Bibliotheken erhältlich)

Handbuch der Arabischen Dialekte. Wiesbaden 1980 (wissenschaftliches Nachschlagewerk, 140–173 zum irakischen Dialekt)

Wer sich mit der arabischen Hochsprache (al-fushâ) beschäftigen will, findet dazu auf dem Büchermarkt ein reichhaltiges Angebot an Lehr-und Wörterbüchern sowie Sprachführern. Natürlich gibt es auch einen Kauderwelsch-Band fürs Hocharabische.

Begleitender Titel zu diesem Sprachführer

AusspracheTrainer Irakisch-Arabisch

Heiner Walther

45 Min. Laufzeit
Die wichtigsten irakisch-arabischen Vokabeln und Floskeln aus dem irakischen Reisealltag. Muttersprachler sprechen vor, mit Nachsprechpausen und Kontrollwiederholungen.

Auf Audio-CD: ISBN 978-3-8317-6184-5 **€ 7,90 [D]**
Als mp3-Download: ISBN 978-3-95852-054-7 **€ 5,99 [D]**

www.reise-know-how.de

Der Autor

Heiner Walther, Diplom-Orientalist, Jahrgang 1947. Nach dem Abitur studierte er von 1966 bis 1971 Orientalistik und Islamwissenschaft in Halle/S. und war danach als Arabisch-Dolmetscher tätig. Ab 1978 arbeitete er an der Universität Leipzig, wo er Arabisch und später auch Persisch unterrichtete. In den achtziger Jahren lebte er mehrere Jahre im Jemen. Seit 1993 arbeitet er freiberuflich als Arabisch-Übersetzer und bereitet in der Entwicklungszusammenarbeit Spezialisten/innen landeskundlich und sprachlich auf ihre Tätigkeit in arabischen Ländern vor. Seit über zwanzig Jahren bereist er auch mit Touristengruppen und privat die arabische Welt, darunter bis 2002 Irak. Dabei entstand die Idee zu diesem Kauderwelsch-Sprachführer.

Er ist ebenfalls Autor der Kauderwelsch-Bände Jemenitisch-Arabisch, Libysch-Arabisch und Omanisch-Arabisch.

Für die sprachlichen Hilfen bei der Erstellung dieses Kauderwelsch-Bandes danke ich herzlich Dr. Hamid Al-Khaqani (Halle) und Muthanna Al-Bazzaz (Bagdad).